鉄道きっぷの世界

鉄道旅がもっと楽しくなる！

はじめに

鉄道旅行は、
きっぷを買うところから始まる——。

列車に乗る際、必ず必要になるのが
乗車券（きっぷ）だ。
買い物に行くにしても、旅に出るにしても、
1枚のきっぷが目的の駅まで導いてくれる。
きっぷに書かれた目的地を見て、
旅の情緒を感じる人も少なくないはずだ。

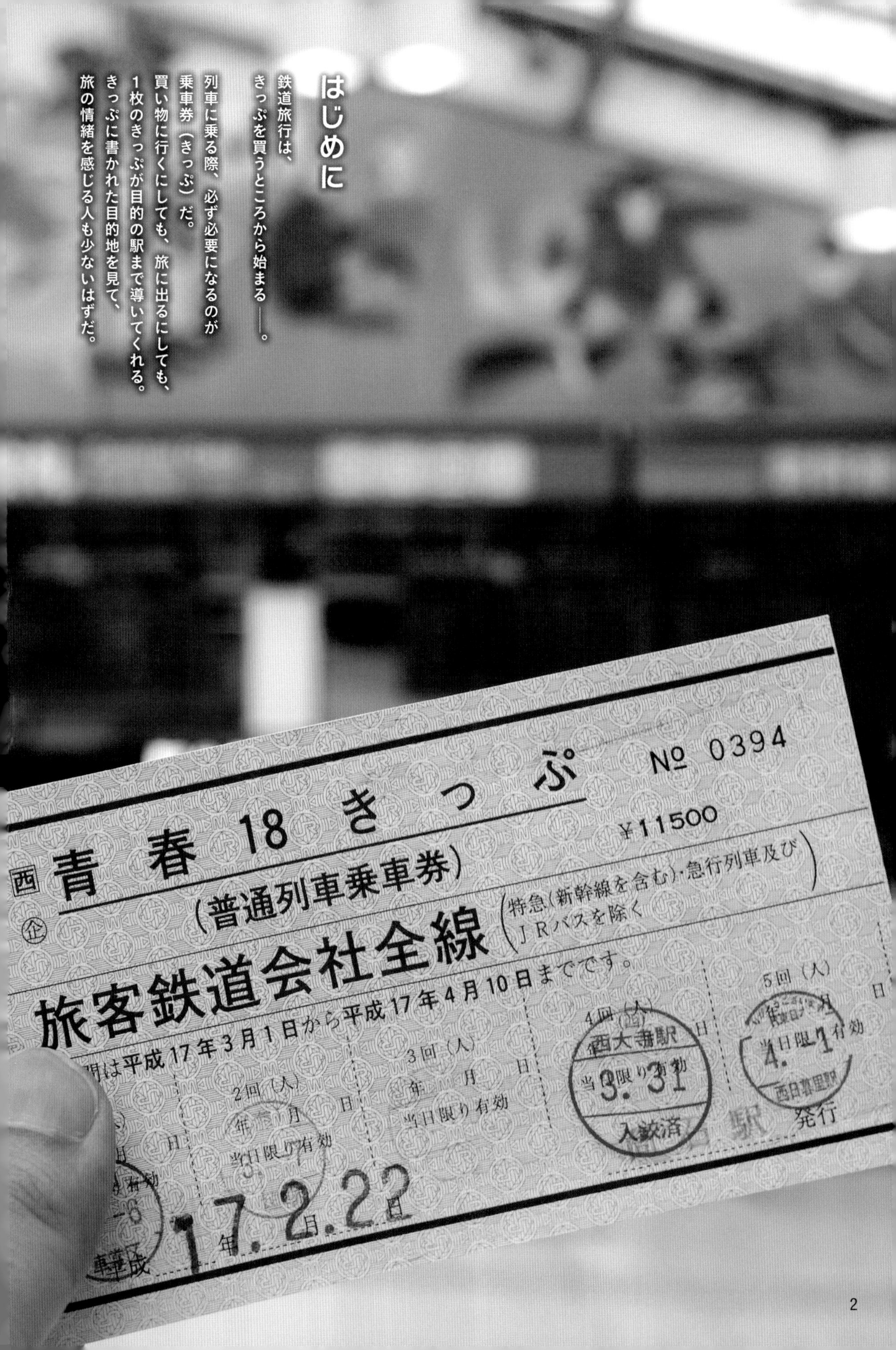

きっぷは鉄道を利用したことを証明するために必要なものだが、
なかには、きっぷの収集に熱を入れる鉄道ファンもいる。
出発駅や到着駅、運賃、有効期間などが書かれているだけだが、
魅了される人が少なくないのだ。

鉄道にはさまざまな規則があるが、
きっぷにも複雑なルールが存在する。
そのルールは論理的かつ体系的に構築されており、
それを知ることで、普段何気なく使っているきっぷが、
より興味深い存在になっていくはずだ。また、きっぷのルールを
知っておけば、鉄道を使った旅にも大いに活かされることだろう。

かつては、きっぷといえば紙の券が一般的だった。
厚紙でできた硬券がスタンダードだったが、自動改札機の登場で、
薄手の軟券が主流になった。平成に入ると「イオカード」などの
磁気式プリペイドカードが登場。さらに、「Ｓｕｉｃａ」などの
交通系ＩＣカードへと進化を遂げる。そして、令和に入ると
チケットレス化が進むなど、きっぷの世界は大きく様変わりしている。
一方で、現在も昔ながらの硬券を取り扱う鉄道事業者もあり、
その手触りや印刷の価値を今に伝えている。

本書では、知っているようで知らないきっぷのあれこれを特集している。
きっぷの基本的な知識や買い方、ルール、さらには、近年大きく変化している
「最新きっぷ事情」についても取り上げる。
また、コラムでは、特殊なきっぷを使った旅のプラン、
きっぷの特徴を活かした楽しい旅を紹介する。
「きっぷ」「切符」「乗車券」はほとんど同じ意味だが、本書ではＪＲにならい、
ひらがなの「きっぷ」に統一して紹介する。

本書を通じて、「きっぷ」がさらに身近なものになるはずだ。

CONTENTS

はじめに……2

PART1 きっぷの基礎知識

「きっぷ」とは何か？……8
「きっぷ」に関する決まり……10
きっぷの種類……12
乗車券の種類……14
定期乗車券……16
その他の乗車券……18
急行券について……20
特別車両券（グリーン券）……22
寝台券について……24
コンパートメント券……26
乗車整理券とライナー券……28
入場券のルール……30
交通系ＩＣカード……32
特別企画乗車券……34
連絡乗車券……36
記念きっぷ……38
青春18きっぷ……40
COLUMN1 青春18きっぷで鉄道乗り尽くしの旅……42

PART2 きっぷの買い方

きっぷの買い方……46
無人駅できっぷを買う……48
みどりの窓口で買う……50
自動券売機で買う……52
指定券を予約する……54
チケットレスを活用する……56
交通系ＩＣカードをチャージする……58
ＱＲコードと顔認証……60
簡易委託駅できっぷを買う……62
COLUMN2 初乗り１５０円で「大回り乗車」の旅……64

PART3
きっぷのシステム

硬券の特徴と魅力 …… 68
きっぷの磁気 …… 70
自動改札機 …… 72
磁気カードとＩＣカード …… 74
旅客販売総合システム「マルス」 …… 76
きっぷのリサイクル …… 78
きっぷの券面 …… 80
改札パンチ …… 82
COLUMN3
全国に残るローカル線「硬券」の旅 …… 84

PART4
きっぷのルール

運賃計算と営業キロ …… 88
さまざまな運賃のルール …… 90
特急・急行券のルール …… 92
有効期間と途中下車 …… 94
きっぷの変更 …… 96
きっぷの払い戻しと紛失 …… 98
キセル乗車との戦い …… 100
COLUMN4
有効期間は実質２日
「東京メトロ24時間券」 …… 102

鉄道の発展とともに変遷したきっぷの歴史 …… 104
きっぷ用語集 …… 108

PART

きっぷの基礎知識 ①

そもそも、きっぷとは何か?「きっぷ」と「切符」の違い、きっぷの種類、さまざまな乗車券など、身近なはずなのに実は知らない基礎知識を解説。きっぷの知識を深めるためにまずはここから学ぼう。

IC 専用
PiTaPa
投入

Chapter 1
基礎知識1

「きっぷ」とは何か？

JRにおける「きっぷ」と「切符」の違い

国鉄の流れを汲むJRグループでは、
平仮名の「きっぷ」と漢字の「切符」を明確に使い分けている。

主な「きっぷ」

乗車券/急行券/寝台券
特別車両券/座席指定券
…etc.

きっぷ

「乗車券」のほか、新幹線や特急を利用するときに使う「急行券」など、乗客を運ぶことに関連したものを指す

主な「切符」

手回り品切符/一時預り品切符/遺失物切符/諸料金切符
…etc.

切符

乗客以外の「モノ」を運んだり、「モノ」の受け渡しなどに使われる

さまざまな情報が記載されている「きっぷ」

小さな紙切れの中に、日付や区間、料金、社名など、多くの情報が印刷されている。

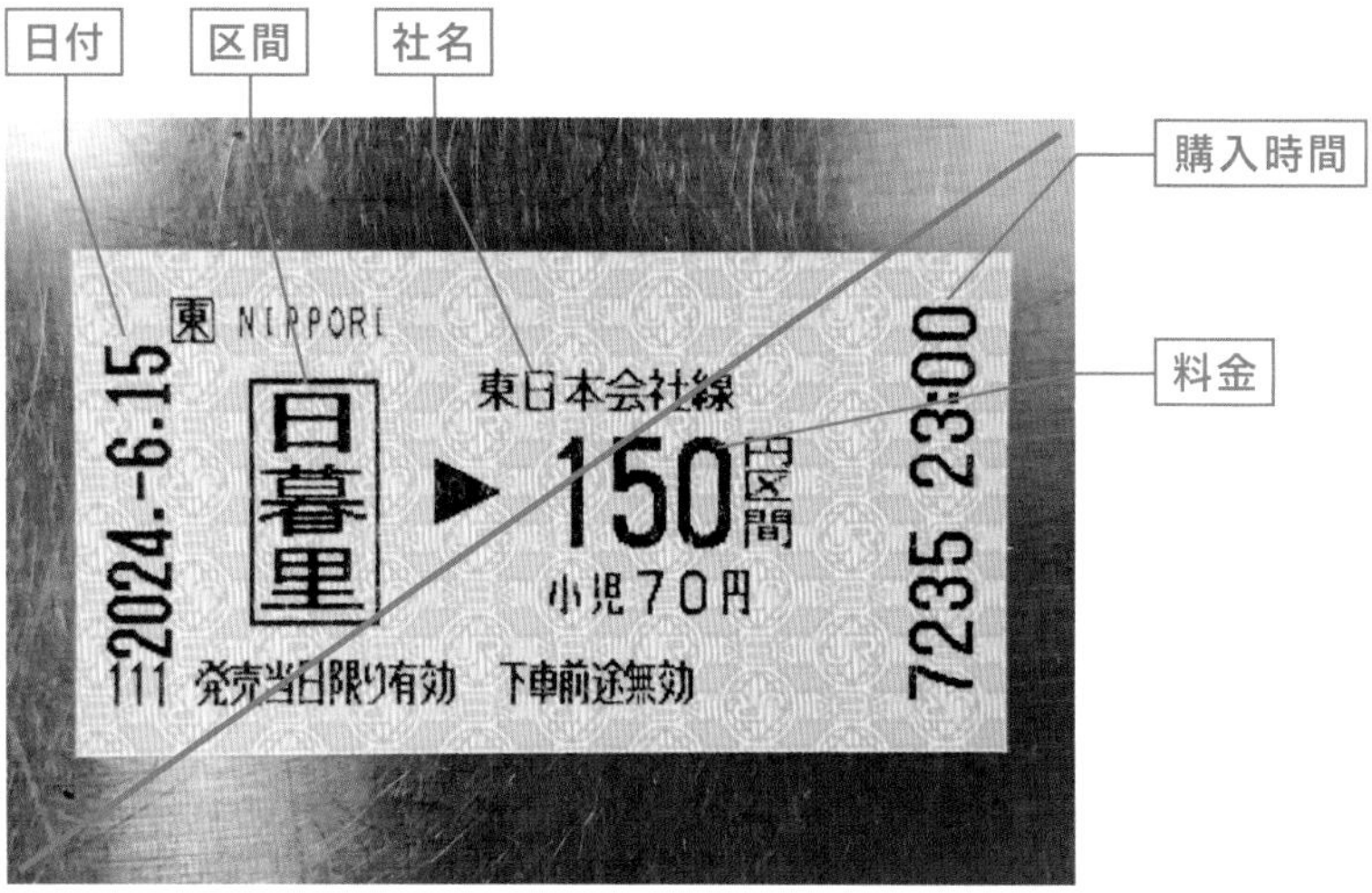

「きっぷ」と「切符」の違いとは

列車に乗車し、輸送サービスを受けるために必要となるのが「きっぷ(切符)」である。きっぷを購入し、所持していなければ列車に乗ることができないのは、誰もが知っているルールだ。正確には「対価を支払い済みであることを示す紙片」のことで、交通機関の乗車券や周遊券、施設の入場券や観覧券などを指す。

「切符」の語は平安時代から使われていた「きりふ」に由来し、「割符《さいふ》」「切下文《きりくだしぶみ》」ともいう。租税の割り当て文書(徴税令書)に用いられ、「切手」は「切符手形」の略称である。

日本の鉄道網の大多数を担うＪＲグループでは、「きっぷ」と「切符」を明確に使い分けている。平仮名の「きっぷ」は、乗車券や急行券、寝台券、グリーン券などの乗車券類に使われる。

これに対し、「切符」は旅客関係以外で現金を受け取る

「きっぷうりば」では「きっぷ」が売られている

駅に行くと、あちこちに「きっぷ」の文字が見られる。扱っているのは「切符」ではなく、乗車券類を指す「きっぷ」。「乗車券類」は世間にあまり浸透していないので、わかりやすい「きっぷ」を多用しているといわれる。

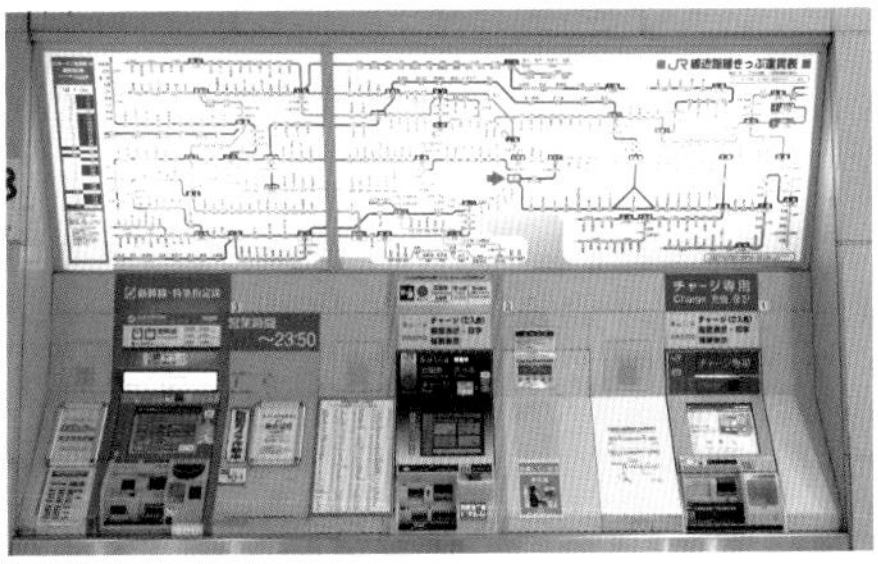

駅構内に見られる「きっぷ」の文字。JR以外の鉄道会社も多く用いている。

切符の種類

手回り品切符

列車内に手回り品を持ち込む際に必要となる切符。JR の場合、小型犬・猫・ハトまたはこれらに類する小動物が入った動物専用のケース

※（猛獣及びヘビの類を除く）を持ち込む際、1 個につき 290 円の手回り金を支払う必要がある。

※タテ・横・高さの合計が 120cm 以内で、ケースと動物を合わせた重さが 10kg 以内のものに限る。

一時預り品切符

駅で携帯品を一時的に預かる際に発行される。一時預り料は 1 個 1 日 1 回について 430 円。ただし、預け入れから 6 日以後の日については、その 2 倍とする。預け主は、預け入れの日から 15 日以内に一時預り品を引き取らなければならない。

駅の忘れ物には、物品の情報を記した「遺失物切符」がくくりつけられる。

遺失物切符

忘れ物の情報が書かれたもので、忘れ物に直接くくりつけられている。

諸料金切符

旅客の運送について運賃・料金を収受する場合、旅客に交付する諸票を特に定めていないときに発行される。

とき、内部帳票などに用いられる。列車内に手回り品を持ち込む際に必要な「手回り品切符」、駅で携帯品を一時的に預る際に発行される「一時預り品切符」、忘れ物の情報が書かれた「遺失物切符」などがある。

紙の「きっぷ」は購入機会が減少

鉄道の停車場である駅では、乗車券類の販売場所は「きっぷうりば」と表記されている。「切符」は人間が乗るときに使うもの以外も含まれるので、「切符売り場」だと意味合いが異なってしまうのだ。「切符」との違いを明確にするため、平仮名の「きっぷ」の表記が用いられている。

近年はICカード乗車券が広く流通し、スマホ決済でも乗車できるようになり、紙のきっぷを購入する機会は減っている。しかし、輸送サービスを受ける証明であることに変わりはなく、現在も鉄道利用において重要な役割を担っている。

Chapter 1 基礎知識2

「きっぷ」に関する決まり

鉄道略則に定められた「きっぷ」の規則

日本で最初に鉄道が開業した1872年、鉄道の営業にあたって必要な運送条件などを定めた「鉄道略則（明治5年太政官布告第61号）」が制定された。

第1条　賃金のこと

何人に限らず鉄道の列車にて旅行せんと欲する者は、まず賃金（運賃）を払い手形（きっぷ）を受け取るべし。しからざれば決して列車に乗るべからず。

第2条　手形検査及び渡し方のこと

手形検査の節は改めを受け、取集《とりあつめ》の節は渡すべし。もし検査の節、手形を出さず、あるいは取集の節、手形を渡さざる者は、更に最初発車の「ステーション」よりの賃金を払わしむべし。もっとも途中より乗り来りし者にて、その確証判然たる時は、その乗りたる場所よりの賃金を払わしむべし。

開業当初の蒸気車を描いた「品川蒸気車鉄道之図」。きっぷに関する規則は、この頃から定められていた。
所蔵/国立国会図書館

法律で定められた「きっぷ」の定義

日本初の鉄道は、１８７２年に新橋（後の汐留駅）―横浜（現在の桜木町駅）間で開業した官設鉄道である。開業に際して「鉄道略則」が制定され、その第1条と第2条には、賃金（運賃）の前払いや改札、検札、集札、乗車券紛失時の扱いが記されている。

この規則は、１９００年に「鉄道営業法」が制定されるまで、鉄道営業の基本ルールの役割を果たしてきた。鉄道営業法は鉄道の職制や運転、運送などに関する決まりを定めた現行法で、所管は国土交通省鉄道局鉄道事業課。第1章「鉄道の設備及運送」、第2章「鉄道係員」、第3章「旅客及公衆」で構成される。第15条では、旅客が運賃を支払い、乗車券を受けなければ乗車できない鉄道利用の大原則が定められている。

鉄道営業法に基づいて定められた「鉄道運輸規程」（１９４２年公布の鉄道省令）の第12条

「鉄道営業法」と「鉄道運輸規程」

「鉄道略則」で定めたきっぷに関する規則は、1900年制定の「鉄道営業法」や1942年公布の「鉄道運輸規程」に受け継がれている。

鉄道営業法　第15条

旅客は営業上別段の定ある場合の外運賃を支払ひ乗車券を受くるに非されは乗車することを得す
②乗車券を有する者は列車中座席の存在する場合に限り乗車することを得《う》

鉄道運輸規程　第12条

乗車券には、通用区間、通用期間、運賃額及び発行の日付を記載することを要す。
ただし、特別の事由ある場合はこれを省略することを得

旅客営業規則に定められた「きっぷ」の規則

JRにおけるきっぷのルールは、運送約款である「旅客営業規則」に定められている。JRのホームページなどでもチェックできるので、ぜひ見てみよう。

運賃・料金前払の原則　第4条

旅客の運送等の契約の申込を行おうとする場合、旅客等は、現金をもって、所定の運賃・料金を提供するものとする。ただし、当社において特に認めた場合は、後払とすることができる。

乗車券類の購入及び所持　第13条

列車に乗車する旅客は、その乗車する旅客車に有効な乗車券を購入し、これを所持しなければならない。ただし、当社において特に指定する列車の場合で、乗車後乗務員の請求に応じて所定の旅客運賃及び料金を支払うときは、この限りでない。

「旅客営業規則」を自社のHPで公開する鉄道会社も少なくない。写真はJR東日本のHP。

では、乗車券に通用区間や通用期間、運賃額、発行の日付を記載するのを要することが定められている。乗車券の仕様はさまざまだが、表示内容は統一されている。

領収書だけで乗車するのは不可

　ＪＲは前身である国鉄から、鉄道営業法や鉄道運輸規程に基づいて「旅客営業規則」という運送約款を定めている。「こういう条件で契約し、輸送サービスを行っている」というのを示したもので、細かな改訂を繰り返しながら現在に至る。ＪＲ以外の鉄道会社でも、国鉄のものに準拠した営業規則をそれぞれ定めている。

　法令に則った乗車券でないものは、乗車券とは認められていない。例えば、乗車券を購入した際に発券される領収書には運賃額などが記載されている。しかし、これだけで乗車するのは不可能なので要注意だ。

きっぷの種類

硬券《こうけん》(非磁気券)

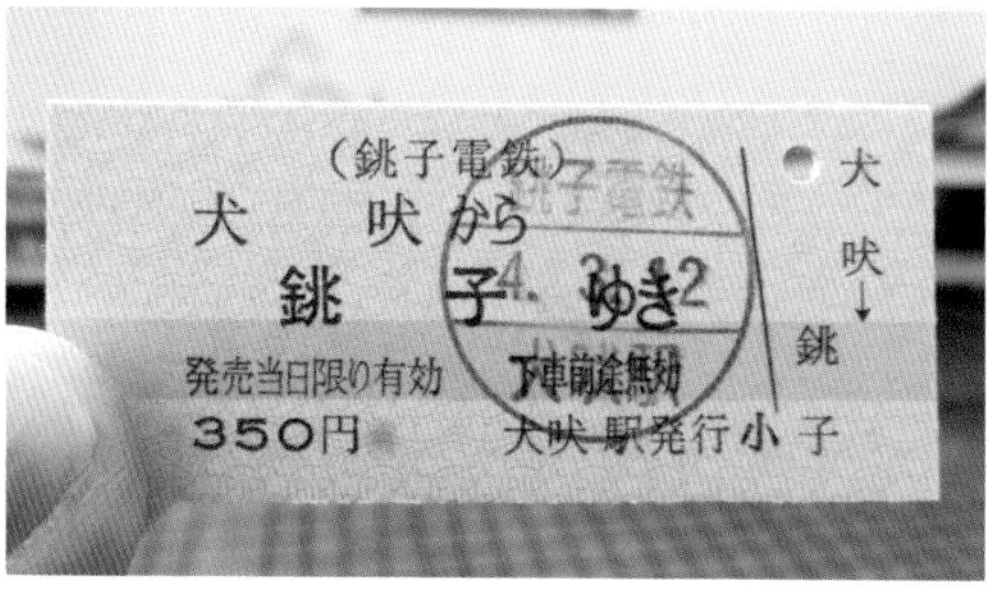

硬い厚紙に必要事項が印刷されたきっぷ。厚みがあるので自動改札機に通すことができず、平成以降は徐々に姿を消しているが、一部のローカル私鉄では今も使われている。

磁気券

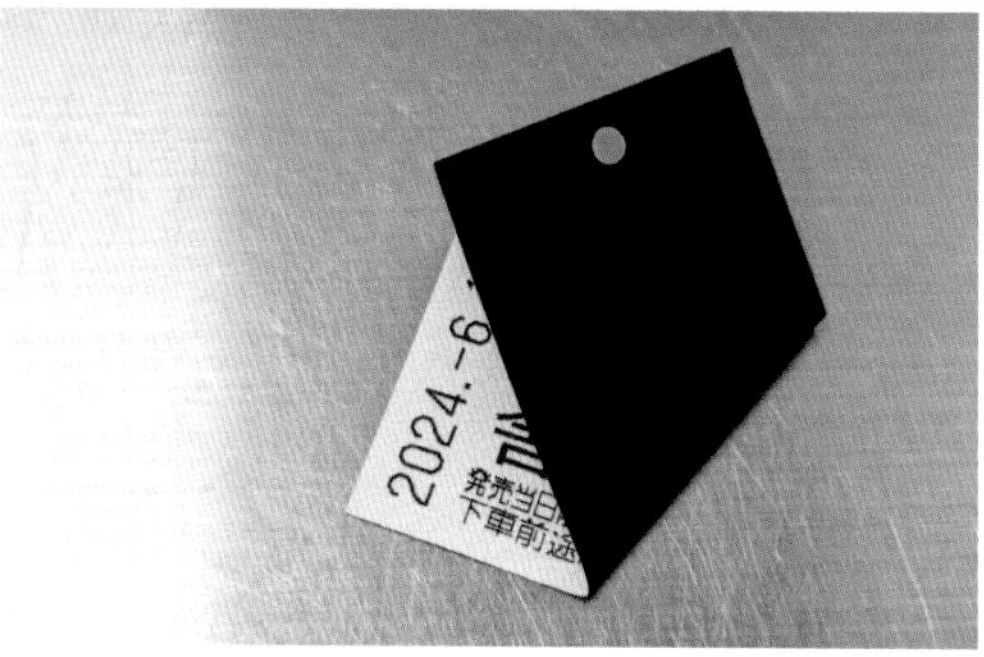

裏面に磁性体が塗布された乗車券で、自動券売機から発券される。自動改札機に投入すると磁気情報が読み取られ、即座に券の有効・無効が判断される。

ICカード乗車券

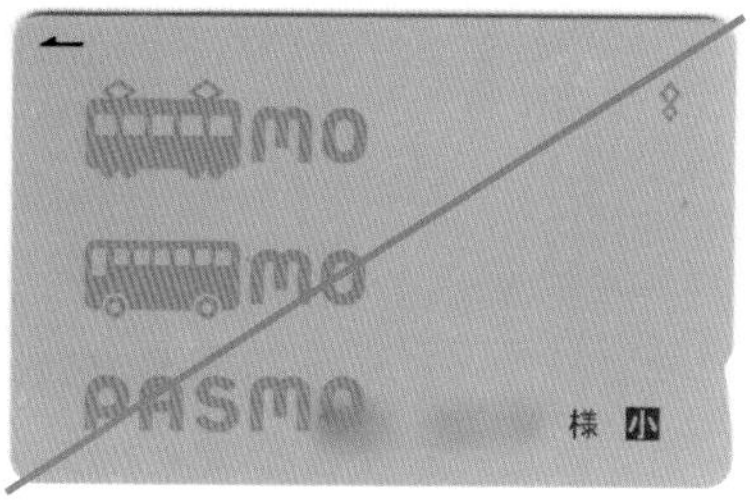

IC(Integrated Circuit:集積回路)を内蔵した乗車券。読み取り機器に軽く触れるだけで情報をやり取りし、残高(運賃)をチャージすることで何回でも使える。

QR乗車券

QRコードを使用した乗車サービス。キャッシュレスやペーパーレスで、改札機や券売機の維持・管理コストが抑えられる。近年はQR乗車券を導入する事業者が増えており、今後の主流になっていくとみられる。

Chapter 1
基礎知識3
きっぷの種類

きっぷが果たす役割はさまざま

鉄道の「きっぷ」といえば、かつては厚紙に必要事項が印刷された「硬券」が一般的だった。しかし、自動券売機の普及によって「磁気券」が中心となった。現在は事前にきっぷを購入する必要がないICカード乗車券、さらにはスマホ決済と、きっぷの形は大きく様変わりしている。他にも、「みどりの窓口」や指定席券売機などで、マルス端末によって発券される「マルス券」もある。

きっぷはサイズや使用形態もさまざまで、鉄道会社によっても違いがある。しかし、きっぷが果たす役割は、そこまで大きく変わっているわけではない。JRグループの運送約款の代表といえる「旅客営業規則」に定められたきっぷの基本的な分類が、きっぷの種類を知るうえで非常に役立つ。

きっぷの分類方法はさまざまだが、大きな比重を示して

JRグループにおける乗車券類の種類

JRの「旅客営業規則」第18条では、乗車券類について下記のように定めている。

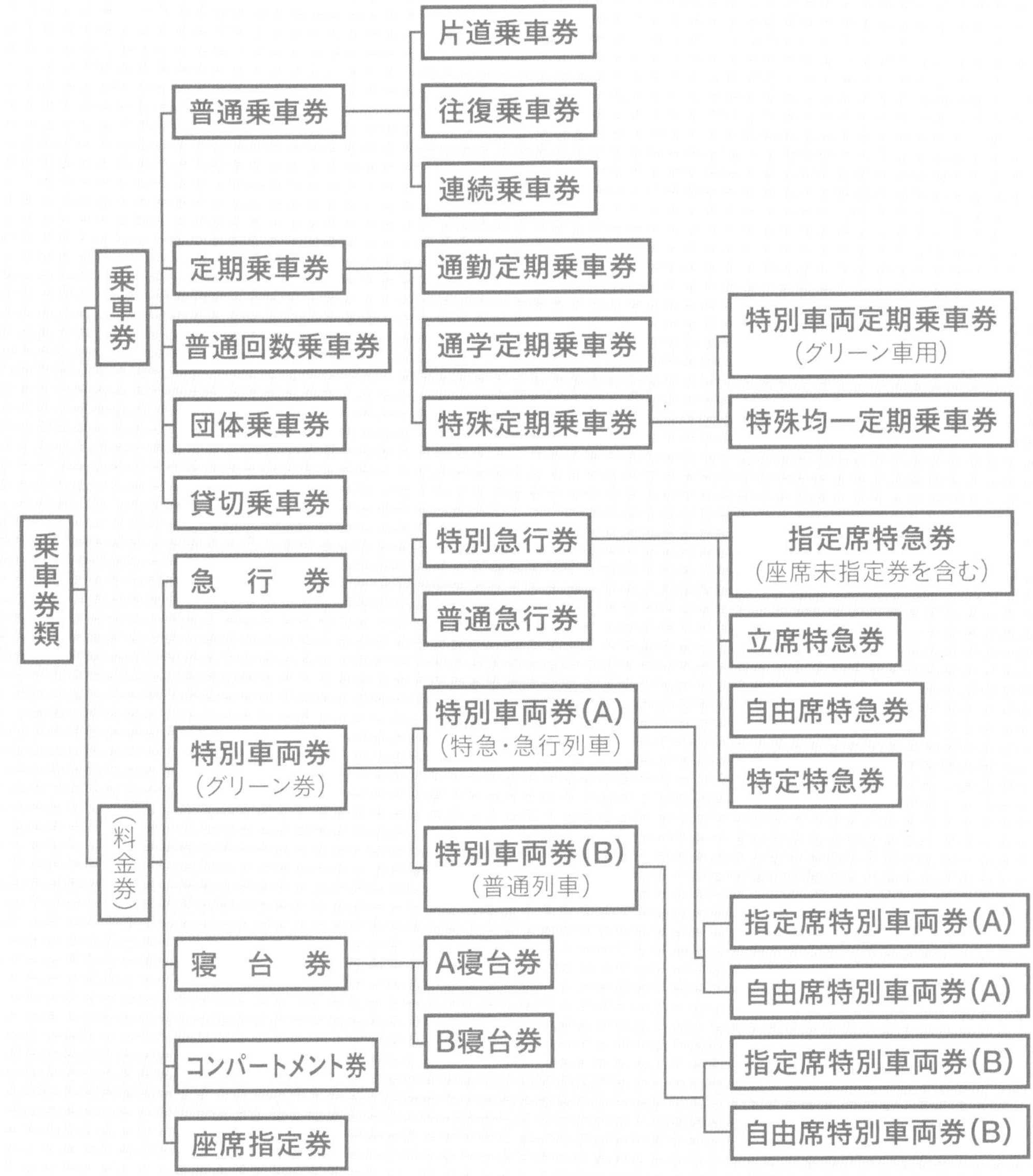

いるのが「乗車券」である。列車に乗車して運んでもらうための乗車区間の「運賃（旅客・貨物の運送料金）」を支払った証拠の券で、これを購入したことで、旅客と鉄道会社の間での「運送契約」が成立したことになる。

「快速」「新快速」も普通列車の一種

乗車券は、列車に最初に乗る駅から最後に降りる駅の区間を購入すればOK。どの列車に乗っても、基本的に運賃は同じである。例えば、東京―水戸間の運賃は2310円だが、特急「ひたち」でも、普通列車でも運賃は変わらない。ただし、特急列車に乗車する場合は、1580円の「特急券」を別途購入する必要がある。

JRでは、普通列車は乗車券だけを買えば乗ることができる。普通よりも停車駅が少ない「快速」「新快速」「特別快速」なども普通列車の一種なので、乗車券だけで乗車可能だ。

乗車券の種類

乗車券の種類

多くの人が日常的に使う「普通乗車券」は、「片道乗車券」「往復乗車券」「連続乗車券」に分類される。

片道乗車券

連続した区間を、片道１回だけ乗車する場合に発券される普通乗車券。「複数通る区間がない」「環状線１周を超えない」などの条件を満たせば、どんなに距離が長くても発券可能である。

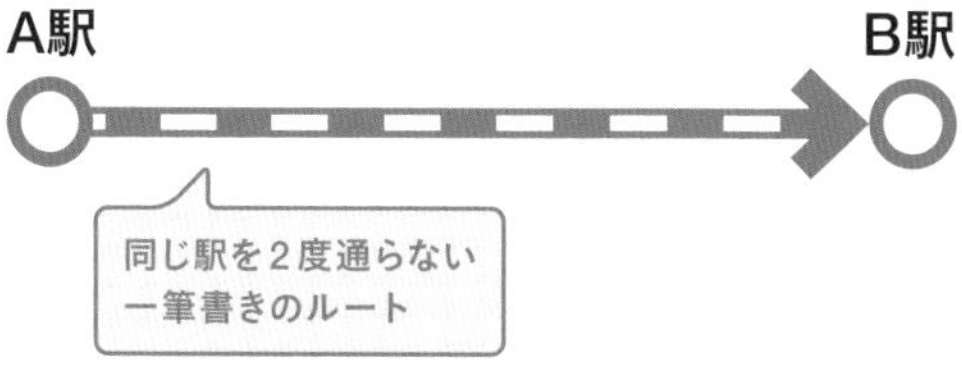
A駅
B駅
同じ駅を２度通らない
一筆書きのルート

往復乗車券

往路と復路を同じルートで移動する場合に発券される。往路・復路ともに片道乗車券として成り立つルートでなければならない。

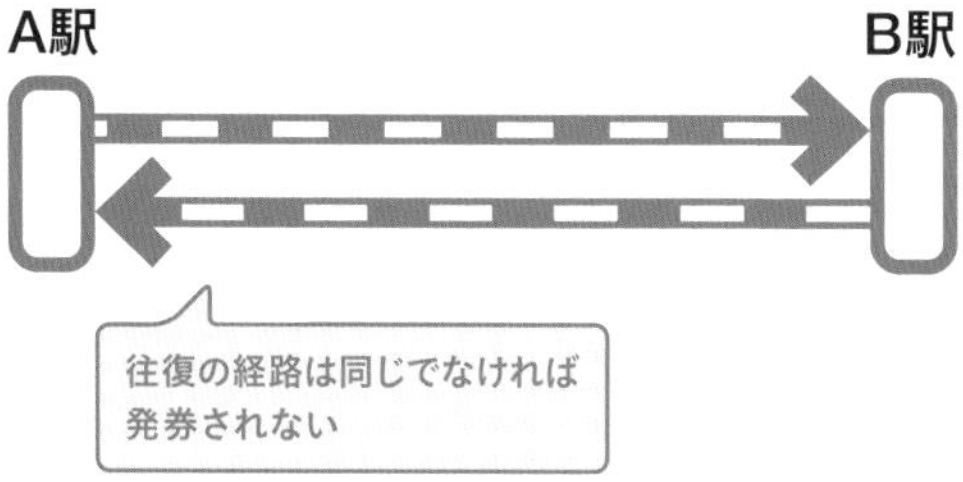
A駅
B駅
往復の経路は同じでなければ
発券されない

連続乗車券

片道乗車券・往復乗車券の発券条件を満たしていない２区間を、それぞれ１回乗車する場合に発券される。２枚が１組として扱われるが、１枚目のきっぷの到着駅と２枚目のきっぷの出発駅は同一。

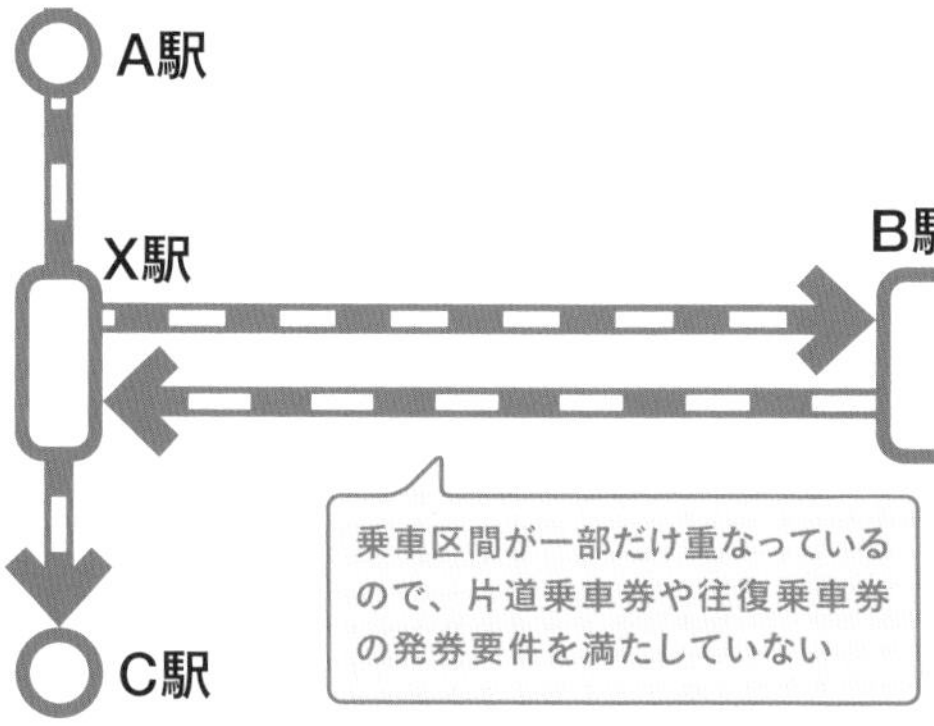
A駅
X駅
B駅
C駅
乗車区間が一部だけ重なっている
ので、片道乗車券や往復乗車券
の発券要件を満たしていない

普通乗車券のほか定期券や回数券もある

鉄道を利用する際、必ず購入しなければならないのが「乗車券」だ。ＪＲの「旅客営業規則」では、「普通乗車券」「定期乗車券」「普通回数乗車券」「団体乗車券」「貸切乗車券」に分類されている。

この中で、多くの人が日常的に使うのが「普通乗車券」だ。交通経済学の先駆者である増井幸雄の著書『新訂陸運』では、普通乗車券について「標準的な賃率に基づく運賃により発券された乗車券」「運送が同一鉄道上の路線のみに限られた乗車券」と定義される。

ＪＲの普通乗車券は、さらに「片道乗車券」「往復乗車券」「連続乗車券」の3種類に分けられる。片道乗車券は「A駅からB駅行き」という最もオーソドックスなきっぷで、同じ駅を2度通らない「一筆書き」のルートに対して発行される。条件を満たせば、どんなに距離が長くても発券可能である。

往復乗車券の割引

JR線において片道の営業キロ数が601kmを超える場合、行きと帰りの運賃がそれぞれ片道運賃から1割引した「往復割引乗車券」となる。

(例)東京—豊岡間(山陰本線経由)の往復運賃

東京駅と豊岡駅(兵庫県豊岡市)の間の営業キロは662.0kmで、「往復割引乗車券」の割引要件を満たしている。そのため、行きと帰りの運賃がそれぞれ割引になる。片道1万10円の1割引で9009円になるが、10円未満の端数は切り捨てるので9000円になる。

従来の片道運賃　1万10円

↓ 1割引

往復割引乗車券　9000円

※10円未満の端数は切り捨て

9000円(行き) + 9000円(帰り) = 1万8000円(往復割引運賃)

発着区間に新下関—博多間を含む場合の特例

新下関—博多間を含む区間については、営業キロが同じでも新幹線と在来線で運賃が異なる。この区間を含む場合については、一方が新幹線経由、他方が在来線経由でも往復乗車券が発売される。片道が601kmを超える場合は、往復割引も適用される。

小倉—博多間の往復

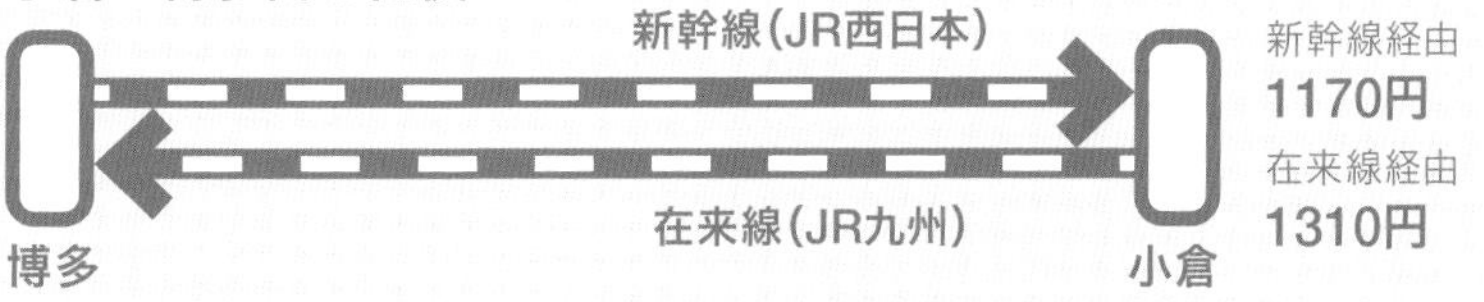

広島—博多間の往復

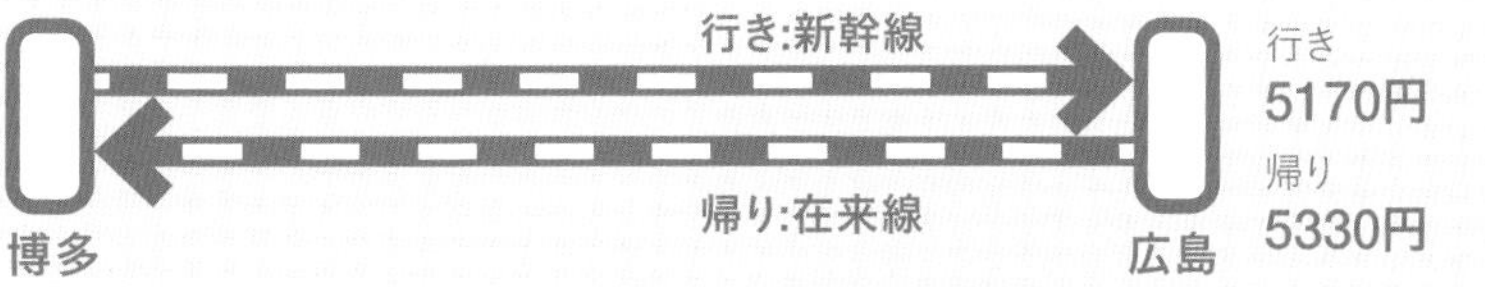

往復乗車券や連続乗車券のしくみ

往復乗車券は、往路と復路が同一ルートの場合に発券される。ＪＲ線では片道の営業キロが６０１km以上になる場合、「往復割引乗車券」となる。行きと帰りの運賃、それぞれ１割引きになる。例えば、東京—豊岡間は営業キロが６６２kmなので、往復乗車券を購入すると１割引きになる。長距離移動の場合は、往復で購入したほうが断然おトクだ。

連続乗車券は乗車区間の一部が重複し、片道乗車券や往復乗車券の発券要件を満たさない場合に発券される。一般的にはなじみが薄いが、要は片道乗車券を２枚組み合わせたようなきっぷである。運賃の計算は、片道乗車券をそれぞれ発券した場合に等しい。２枚が１組として扱われるが、１枚目のきっぷ(連続１)の到着駅と、２枚目のきっぷ(連続２)の出発駅は同じでなければならない。

定期券の形状

定期乗車券には、ICチップを組み込んだ「IC定期券」と、カード裏面に磁気情報が書き込まれた「磁気定期券」がある。新規で購入する場合、定期券は有効期間の開始日の7日前から発売する。継続して利用する場合は、14日前から発売する。

IC定期券

改札機に「タッチ」して入出場

磁気定期券

改札機の投入口に「投入」して入出場

コロナ禍前後のJR各社定期券利用の旅客輸送量水準

「旅客輸送量」は輸送人数と距離を掛け合わせたもの。各社の2023年4〜12月の旅客輸送量は計1869億円で、定期利用客は16.7%減少した。

JR 北海道	85.2%
JR 東日本	81.0%
JR 東海	86.0%
JR 西日本	87.9%
JR 四国	90.1%
JR 九州	91.2%

※JR北海道は2023年4〜10月と2019年の同期、他5社は2023年4〜12月と2019年の同期を比較

朝の通勤ラッシュ時は相変わらず混んでいるが、定期利用客は減少している。

Chapter 1
基礎知識5

定期乗車券

鉄道会社の需要の中心を担う

乗車券には、通勤・通学など特定の区間を繰り返し乗車する乗客を対象に、一定の期間を区切って発行される「定期乗車券」がある。ＪＲの「旅客営業規則」では、「通勤定期乗車券」「通学定期乗車券」「特殊定期乗車券」に分類される。

日本の鉄道は定期券客が占める割合が高く、国土交通省が公表している「平成25年度鉄道統計年報」では、ＪＲ各社合計の輸送人員の62％が定期券客である。しかし、少子化や労働人口の減少、テレワークの浸透などで、定期券客の数は頭打ちになっている。最新の調査によると、ＪＲグループ6社の定期券利用は、新型コロナウイルス禍前の8〜9割にとどまっている。

定期券には「ＩＣ定期券」と「磁気定期券」があるが、磁気定期券には「自動改札口の投入口にわざわざ入れないといけない」「紛失時に再発行

JRのさまざまな定期券

幅広いニーズに対応するため、JRではさまざまな定期券を発売している。

新幹線定期券(FREX、新幹線エクセルパス)

新幹線の普通車自由席用の通勤定期券。新幹線と並行する在来線普通列車の普通車(指定席を除く)も利用可。JR東日本・JR東海・JR西日本・JR北海道の「FREX」は有効期間が1カ月と3カ月、JR九州の「新幹線エクセルパス」は1カ月・3カ月・6カ月の3種類。通学用として、「FREXパル」と「新幹線エクセルパス(通学用)」もある。

「FREX」では東京―小田原間が1カ月7万3930円、東京―宇都宮間が1カ月10万3940円である。

グリーン定期券

快速・普通列車のグリーン車自由席用定期券。1カ月と3カ月の2種類がある。乗車の都度、グリーン券を購入する手間が省ける。

グリーン券を買っても座れない場合もあるので、混雑状況はあらかじめチェックしておこう。

山手線内均一定期券

東京都山手線内(中央線の御茶ノ水―千駄ヶ谷間も含む)を自由に乗り降りできる定期券。有効期間は1カ月で、運賃は1万4970円。

山手線内均一定期券は、JRの「旅客営業規則」の「特殊均一定期乗車券」に属する。

JR東日本の「オフピーク定期券」

通常定期券の10%OFFで購入できる定期券。対象券種はSuica通勤定期券のみで、対象区間は東京の電車特定区間に限られる。割引価格で購入できるのが魅力だが、平日朝の最も混み合う「ピーク時間帯」は定期券として乗車できない(土日は終日定期券として利用可)。「ピーク時間帯」は路線や駅によって異なる。

東京駅や新宿駅は7時30分～9時、横浜駅は7時～8時30分が「ピーク時間帯」となる。

できない」などのデメリットがある。改札機もIC専用に置き換わりつつあり、今まで主流だった磁気定期券は減少の一途をたどっている。

定期券は有効期間が長いほうがおトク

定期券の有効期間は1カ月・3カ月・6カ月が一般的だが、1年間有効の定期を発売している会社もある。割引率も会社によってさまざまだが、基本的には1カ月より3カ月、3カ月より6カ月のほうがお得である。地方民鉄は通学客が需要の中心を担っているので、通学定期券の割引率が大きく設定される傾向にある。

JRの場合、不要になった定期券は有効期間が1カ月以上残っている場合に限って払いもどしができる。払いもどし額は、発売額から払いもどしを申し出る日まで経過した月数分(1カ月に満たない日の端数は1カ月とする)の定期運賃と手数料220円を差し引いた残額となる。

Chapter 1 基礎知識6

その他の乗車券

お得感がある「回数乗車券」

ＪＲの「旅客営業規則」が定めている乗車券は、「普通乗車券」「定期乗車券」のほかに、「普通回数乗車券」「団体乗車券」「貸切乗車券」もある。

「普通回数乗車券」は、一定の区間を一定の期間内に複数回利用する人に対し、任意の割引率をもって発行する乗車券である。一般的には、11枚つづりを乗車券10枚分の価格で発売する。利用日や利用時間帯が限られる代わりに割引率が高い「時差回数券」「土休日回数券」、新幹線の座席に乗れる「新幹線回数券」などの種類がある。

回数乗車券はお得感があるきっぷとして、長らく親しまれてきた。しかし、交通系ＩＣカードの普及でペーパーレス化が進み、販売を終了する鉄道会社が相次いでいる。ＪＲ東日本では、２０２２年９月30日に回数券の発売を終了した。一方で、身体障害者・

次々と姿を消す「普通回数乗車券」

廃止された普通回数乗車券

鉄道会社	発売終了日
名古屋鉄道	2012年2月29日
小田急電鉄	2020年3月31日
京阪電気鉄道	2020年12月30日
JR 九州完結	2021年6月30日
西日本鉄道	2021年7月31日
東武鉄道	2021年9月30日
JR 東日本完結、JR 西日本完結、JR 東海完結、JR 四国完結、JR 東日本と JR 東海または JR 西日本にまたがる区間、JR 東海と JR 西日本にまたがる区間、JR 西日本と JR 四国または JR 九州にまたがる区間、阪神電車	2022年9月30日
JR 北海道完結、JR 北海道と JR 東日本にまたがる区間	2022年11月30日
東急電鉄、東京メトロ	2023年2月28日
西武鉄道	2023年3月17日
南海電気鉄道	2023年3月31日
阪急電鉄	2023年4月30日
京王電鉄	2023年8月31日
近畿日本鉄道、京成電鉄	2024年2月29日
京浜急行電鉄	2024年3月15日

新幹線回数券も発売終了へ

新幹線回数券は６枚セットが基本で、普通車の自由席と指定席、グリーン車向けの３種類がある。普通に購入するよりも割安なのが魅力だったが、インターネット予約やチケットレスなどの波に押され、廃止へと向かっている。東海道新幹線の自由席回数券の販売も2024年12月22日に終了し、長年親しまれていた新幹線回数券は姿を消すことになる。

団体の種類と割引率（JRの場合）

団体には「普通団体」と「学生団体」があり、割引率がそれぞれ異なる。

団体の区分		取扱期間	割引率
普通団体	専用列車を利用する場合	第1期 第2期	5%引 10%引
	その他の場合	第1期 第2期	10%引 15%引
学生団体	おとな	通年	50%引
	こども	通年	30%引（※）
教職員・付添人（小学校低学年などの団体）		通年	30%引

（※）こども運賃の割引率

第1期（通常期）…3月1日〜5月31日、7月1日〜8月31日、10月1日〜31日、12月21日〜1月10日
第2期（閑散期）…第1期以外の日

JRでは、修学旅行専用の臨時新幹線を運行している。

無料扱人数の取り決め

31〜50人の普通団体は、1人分の運賃・料金が無料になる。また、51人以上だと50人増すごとに1人分の運賃・料金が無料になる。学生団体には適用されない。

団体の人員	31〜50人	51〜100人	101〜150人	151〜200人
運賃・料金が無料となる人数	1人分	2人分	3人分	4人分

団体割引運賃の計算方法

団体割引運賃は、1人分に割引運賃（割引額を差し引き、10円未満の端数は切り捨て）に人数を乗じて計算する。

（例）静岡在住のおとな5人、こども3人が京都旅行に行く場合（通常期の場合）

往路 **静岡→京都** 東海道新幹線「ひかり」普通指定席利用
営業キロ 333.4km 運賃 5720円 特急料金 4510円

復路 **新大阪→静岡** 東海道新幹線「ひかり」普通車指定席利用
営業キロ 372.4km 運賃 6380円 特急料金 4510円

団体運賃 （5720+6380）円×0.9×5人＋（2820+3190）円×0.9×3人＝**7万1520円**

特急料金 （4510+4510）円×0.9×5人＋（2250+2250）円×0.9×3人＝**5万2700円**

知的障害者用の割引普通回数乗車券、通学用の割引普通回数乗車券は引き続き発売している。

運賃が割引になる「団体乗車券」

「団体乗車券」は、一定人数以上の団体で同一列車の同一区間に乗車する際、乗車人員1人あたりの運賃が割引になる乗車券である。団体旅行の申し込みは、原則として出発日の9カ月前から14日前までに行う。

発行に必要な団体構成人員は鉄道会社によって異なり、JRの場合は8人以上で発行できる。団体には一般旅客の「普通団体」と、指定学校の学生・生徒・児童・園児の「学生団体」があり、割引率がそれぞれ異なる。

修学旅行など大所帯で乗車する場合、貸切列車を申し込む選択肢もある。その際に購入するのが「貸切乗車券」で、人員や行程などを記載した貸切旅行申込書を提出する決まりになっている。

Chapter
1
基礎知識7

急行券について

新幹線特急券

新幹線に乗る際は、乗車券のほかに特急券が必要となる。きっぷを購入すると乗車券と特急券が1枚ずつ発券されるが、場合によっては1枚で発券される場合もある。

国鉄・JRの特急列車と急行列車

どちらも普通列車よりも停車駅の数が少なく、移動時間が短い。早く移動したいときに役立つ。

JR西日本の特急「サンダーバード」

特別急行列車(特急)

特急は「特別急行」の略で、急行の上位列車を指す。在来線と同じレールを走る「特急列車」と、専用のレールを走る「新幹線」がある。在来線と新幹線ではレールの幅が異なり、新幹線のほうが速い。ただし、秋田・山形新幹線のように在来線を走る新幹線もある。

JR北海道・JR東日本の急行「はまなす」

普通急行列車(急行)

一般的に、出発地点から目的地点までの停車駅の数が普通列車より少なく、特急列車よりも多い。JRでは2016年3月に急行「はまなす」が廃止されたのを最後に、定期運行される急行列車は姿を消している。

目的地に早く着くためのきっぷ

　JRグループでは、乗車券以外の「きっぷ」として「急行券」「特別車両券」「寝台券」「コンパートメント券」「座席指定券」を設定している。これらは列車輸送以外のサービスに対する料金を支払った証拠の券で、ワンランク上の移動をする際に購入する。

　目的地に早く着くサービスを受けたいときに購入するのが「急行券」で、「特別急行券」(特急券)と「普通急行券」(急行券)に分類される。特別急行券は、さらに「指定席特急券」「立席特急券」「自由席特急券」「特定特急券」に細分化される。

　特別急行券は新幹線や特急列車、普通急行券は急行列車に乗る際に利用する。現在、JR線内で定期運行される急行列車は存在しない。ただし、JR飯田線で運行する「飯田線秘境駅号」のように、臨時列車として運行されることはある。

南海電鉄の特急「ラピート」。乗車の際は「乗車券」と「特急券」が必要になる。

「特別急行券」の分類

指定席特急券

特急列車の指定席に座るために必要な券。乗る列車と座席が指定されている。乗り遅れた場合でも、指定された列車の乗車日と同じ日のうちなら、普通車自由席に限って利用できる。

自由席特急券

特急列車に乗るために必要な券だが、指定席には座れない。自由席車両に空席があれば座れる。乗る列車が指定されていないので、自分の好きな時間の特急列車に乗ることができる。

立席特急券

全車指定席の特急列車が満席の場合に発売される券。満席になっていない列車では発売されない。

特定特急券

ある区間で金額を通常の水準より安く設定するなど、特別に定められた特急料金で発売する券。

空席を自由に利用できる「座席未指定券」

「ひたち」や「成田エクスプレス」といったJR東日本の在来線の全車指定席特急列車では、乗車日と区間が指定されていて座席が指定されていない「座席未指定券」が発売されている。価格は指定席特急券と同額。空席を自由に利用できるが、その座席の指定席を持つ乗客が来たら、他の空席に移動する。また、空席がない場合はデッキなどを利用する。

「ひたち」は、主にJR常磐線を走る特急列車。全車指定席で自由席はない。

確実に座るなら「指定席特急券」

急行券の中で、一般的に利用する機会が多いのは、「指定席特急券」と「自由席特急券」である。指定席特急券は指定された列車に限って有効となる券で、混雑期でも確実に座れる。これに対し、自由席特急券は有効期間開始日であれば好きな時間に乗れるが、立ちっぱなしになる可能性もある。

全車指定席の列車で、指定席が満席になった際に発売されるのが「立席特急券」である。価格は、指定席特急券から530円を引いた額である（特定特急料金が適用される区間は、特定特急料金と同じ）。満席になっていない列車では発売されない。満席なので座ることはできないが、目的地まで移動することはできる。通年で全車指定席の東北・北海道・山形・秋田新幹線の「はやぶさ」「はやて」「つばさ」「こまち」、北陸新幹線の「かがやき」で発売される。

グリーン車と普通車の違い

特急のグリーン車は座席の幅や間隔、リクライニングの角度などが、普通車よりも大きく取られている。

N700S（東海道・山陽新幹線）

東海道・山陽新幹線のN700Sのグリーン車（左）と普通車（右）。

グリーン車

普通車

グリーン車		普通車
２＋２列	座席配置	2+3列
480mm	座席幅	440mm
1160mm	座席間隔	1040mm
背面、インアーム式	テーブル	背面のみ
有り	フットレスト	無し

2020年7月にデビューしたN700Sは東海道・山陽新幹線の最新鋭車両。グリーン車は座面と背もたれが描くラインが自然で、着座感がよい。普通車は座席配列が2+3列で、座席幅や座席間隔はグリーン車よりも小さい。

グリーン車を上回る特別車両

JR東日本のE5系・E7系、JR西日本のW7系、JR北海道のH5系に設定がある「グランクラス」。一般のグリーン車よりも高い料金設定だが、「特別車両券（A）」のカテゴリーに属する。座席は1＋2列配置で、座席間隔が1300mm、座席幅が525mmと余裕がある。

グランクラスの座席にはバックシェルが設置され、背もたれを倒されても煩わしさを感じない。

Chapter 1 基礎知識8

特別車両券（グリーン券）

ワンランク上のサービスを提供

グリーン席や寝台、コンパートメント（個室）など、特別な設備を利用する際には、使用料金を払う必要がある。ＪＲの「旅客営業規則」では、「特別車両券」「寝台券」「コンパートメント券」などが設定されている。

特別車両に乗車する際に必要となる「特別車両券」は、一般的には「グリーン券」のほうがなじみ深い。特急・急行列車の「特別車両券（Ａ）」、普通列車の「特別車両券（Ｂ）」に分類され、それぞれ「指定席特別車両券」「自由席特別車両券」に細分化される。「グリーン車」の名前の由来は諸説あるが、等級制時代の一等車の帯や、一等乗車券の色が緑色だったからとされている。国鉄は長らく「一等車」「二等車」の等級制だったが、１９６９年に等級制度が廃止され、「グリーン車」と「普通車」の区分けになった。現在はＪＲ九州の在来線特急に

首都圏エリアの快速・普通列車グリーン券

普通列車グリーン車は普通車よりもグレードが高い特別車両で、運賃以外に別途料金が発生する。首都圏の6路線で運行しているが、グリーン車を連結していない列車もある。

グリーン車が連結されている普通列車は首都圏の6路線

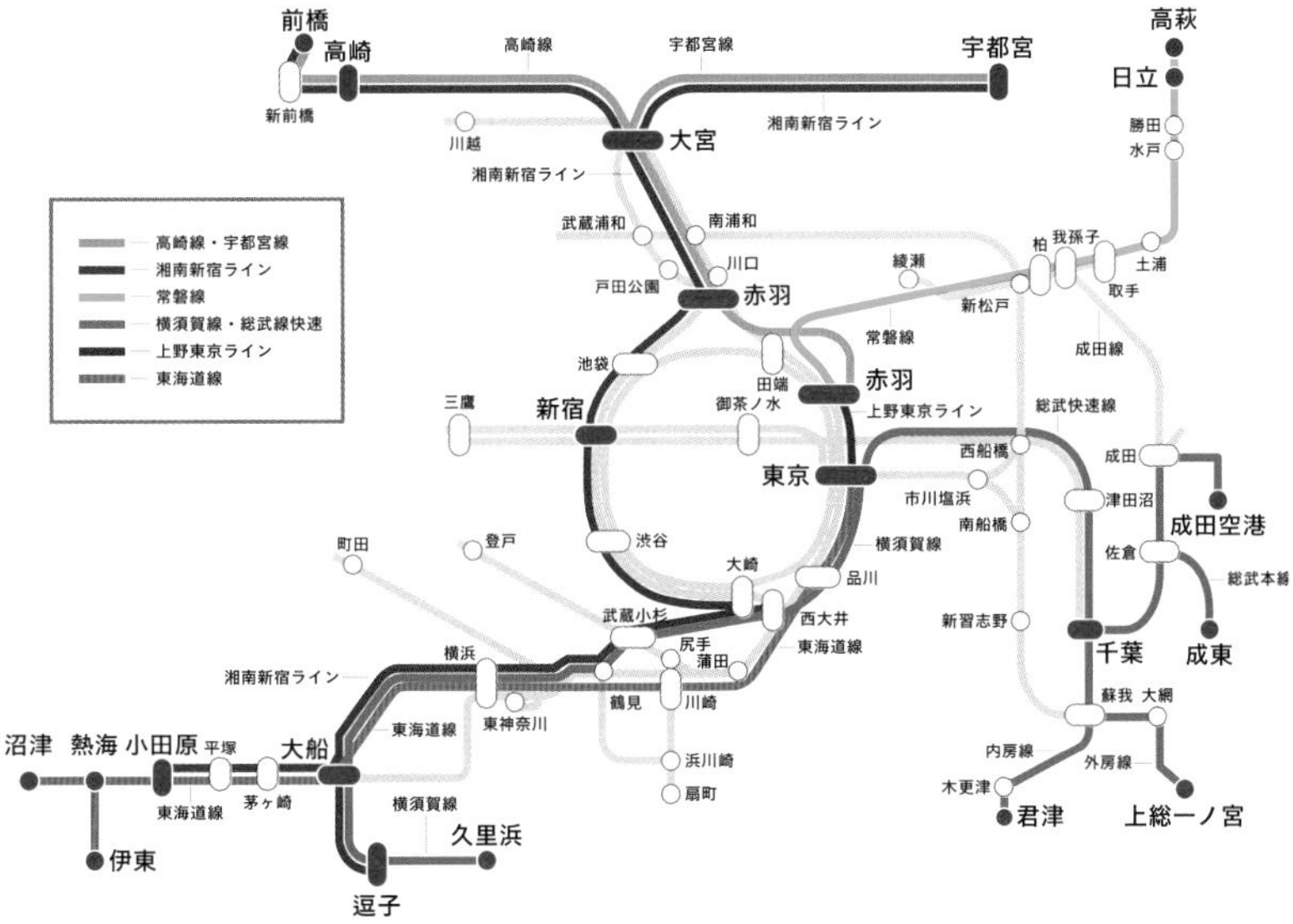

首都圏エリアの普通列車の自由席グリーン料金

（おとな・こども同額）

JR東日本は2024年3月16日のダイヤ改正から、首都圏の普通列車グリーン車の料金体系を見直している。きっぷのIC化やチケットレスを推進するため、購入区分が「Suicaグリーン料金」と「通常料金」に変更された。「平日料金」や「ホリデー料金」といった利用日別の料金体系もなくなり、年間を通して同額となった。また、利用距離が101km以上の料金帯が新設された。

営業キロ	Suica グリーン料金	通常料金（紙のきっぷ）
50km まで	750 円	1010円
100km まで	1000 円	1260円
101km 以上	1550 円	1810円

Suicaグリーン料金

モバイルSuicaやカードタイプのSuicaなどにグリーン券情報を記録し、Suicaグリーン券を購入する場合に適用される料金。通常料金よりも割安になる。乗車後、座席上部にある「グリーン券情報読み取り部」にモバイルSuicaやSuicaなどをタッチすることで、車内改札が省略される。

通常料金

駅や車内でグリーン券（紙のきっぷ）を購入する場合に適用される料金。

おける「DXグリーン」、東北・北海道・北陸新幹線の「グランクラス」など、グリーン車よりもさらに上質の設備やサービスを提供する列車が運行されている。

グリーン料金は距離に応じて変わる

「特別車両券（B）」に位置する普通列車のグリーン車は、JR東日本の首都圏エリア6路線で連結されている。「座席が快適」「コンセントや無料Wi-Fiが利用できる」など、普通車よりも上等のサービスを提供している。

グリーン料金は、乗車する距離に応じて変わる。例えば、九州新幹線のグリーン料金は営業キロが100kmまでなら1050円だが、100kmを超えると2100円、201km以上だと3150円になる。首都圏の普通列車グリーン券は、2024年3月のダイヤ改正で料金体系が見直された。距離の区分けは、2段階から3段階になった。

Chapter 1 基礎知識9

寝台券について

料金や寝台の質で2つの区分がある

「特別車両券」（グリーン券）と同じく、設備使用料金のカテゴリーに属するのが「寝台券」だ。寝台を利用する際に必要とされるきっぷで、料金区分や寝台の質によって「A寝台」「B寝台」に分かれる。

　1960年以前は一等・二等・三等の三等級制だったが、一等・二等のみの二等級制に移行した。1969年には等級制が廃止され、従来の一等寝台をA寝台、二等寝台をB寝台と呼ぶようになった。

　昭和中期には「ブルートレイン」の愛称で親しまれた寝台特急の全盛期が訪れたが、新幹線や飛行機の利用者増加などで徐々に衰退していった。寝台特急は次々と姿を消し、現在は「サンライズ瀬戸・出雲」が唯一の定期夜行特急である。一方で、「カシオペア紀行」や「トワイライトエクスプレス瑞風」など、クルーズトレインとして運行する寝台列車がある。

寝台券の記載内容

寝台券には出発時間や到着時間だけでなく、寝台の号車や種類も記されている。2段式の場合は、「上段」「下段」の記載もある。

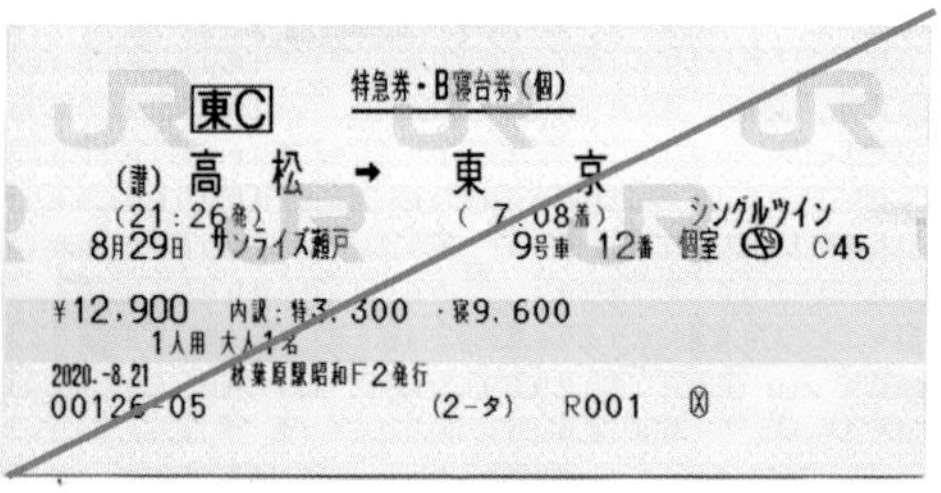

運行を終了した寝台列車

北斗星　上野―札幌間
2015年3月13日定期運行終了
2015年8月22日臨時運行終了

青函トンネルが開業した1988年に運行を開始。食堂車やロビーカーを有し、「日本初の豪華寝台特急」と呼ばれた。

はまなす　青森―札幌間
2016年3月21日運行終了

青函連絡船の深夜便の代替として1988年に運行を開始。座席車とB寝台車の混成編成で、JRにおける最後の定期急行列車。

富士　東京―大分間
2009年3月13日運行終了

1980年までは、東京―西鹿児島（現在の鹿児島中央）間を24時間以上かけて運行する日本最長運転の定期旅客列車だった。

あけぼの　上野―青森間
2014年3月14日定期運行終了
2015年1月4日臨時運行終了

上野―青森間を日本海沿いに運行する寝台特急。寝台個室のほか、指定席特急券で乗車できる「ゴロンとシート」も設定されていた。

唯一の定期寝台特急「サンライズ瀬戸・出雲」

国内を毎日運行する唯一の寝台特急で、「サンライズ瀬戸」は東京―高松間、「サンライズ出雲」は東京―出雲市間を走る。東京―岡山間は連結で運転し、岡山で切り離され、それぞれの目的地に向かう。

車両は2階建ての285系寝台電車で、1998年に運行を開始した。

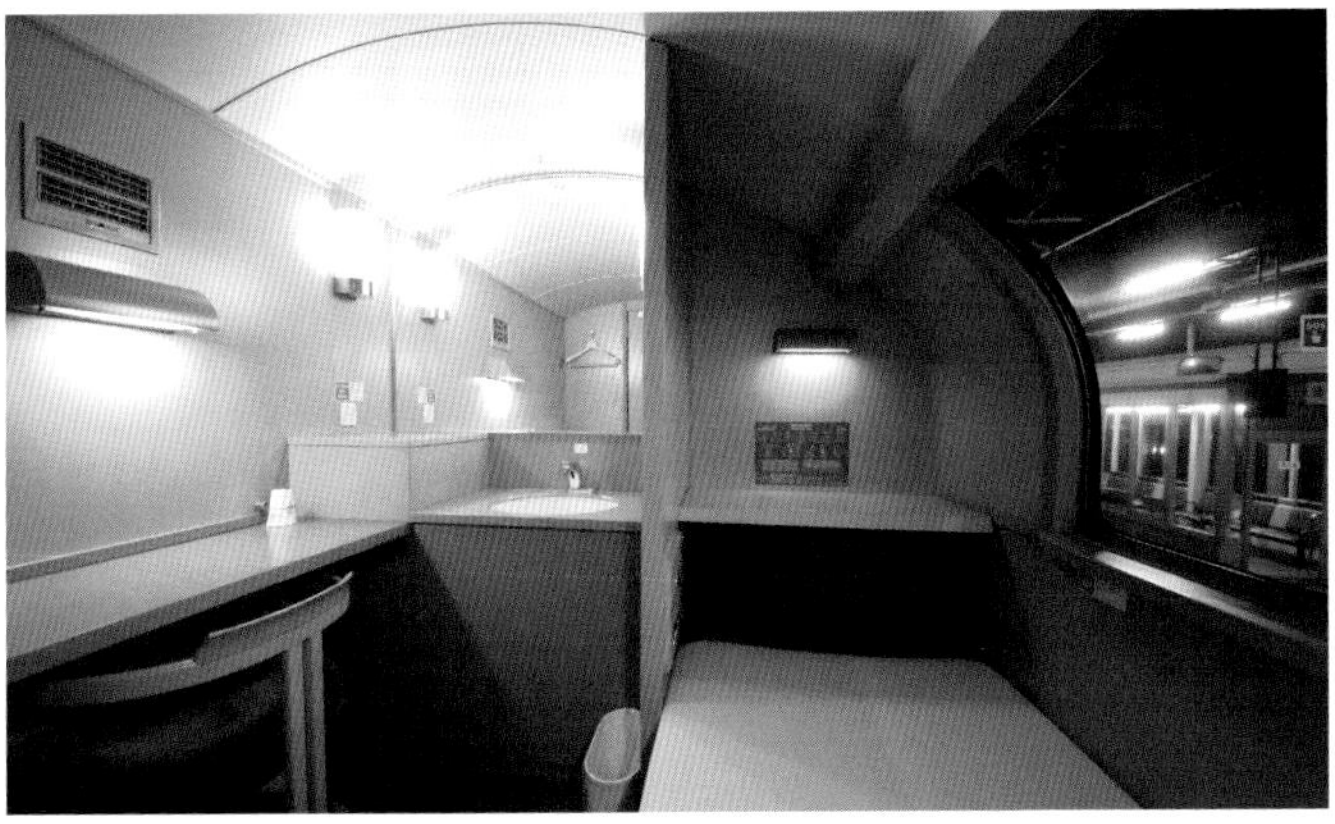

シングルデラックス

デスク、洗面台付きの最上級寝台。同じ車両内にシングルデラックス利用客専用のシャワールームがある。

シャワーカードを購入すれば、共用のシャワー室が利用できる。

シングル

ベッドとデスクがコンパクトに収まっている1人用個室。

シングルツイン

ベッドの上に折りたたみ式の上段寝台があり、2人利用も可能。

寝台券が不要な「ノビノビ座席」。隣と仕切るカーテンはない。

サンライズ瀬戸・出雲の料金体系

寝台料金のほか、乗車券と特急券が必要。シングルツインに補助ベッドを使用して2人で利用する場合は、2人分の特急料金と乗車料金、補助ベッド料金も支払う必要がある。

個室寝台の種別・名称		寝台料金	別途料金
A寝台	シングルデラックス	1万3980円	―――
B寝台	シングル	7700円	―――
	ソロ	6600円	―――
	シングルツイン	9600円	5500円(補助ベッド料金)
	サンライズツイン	1万5400円(2人分)	―――
ノビノビ座席		0円	―――

減少の一途をたどるが寝台車の人気は健在

寝台の構造は、ドアなどの仕切りがない「開放式寝台」と、扉で隔てた「個室寝台」に大別される。かつては、カーテンのみで個々人のプライバシーを維持する開放式が多かった。

現在は、個室寝台が主流になっている。「サンライズ瀬戸・出雲」はA寝台・B寝台ともに個室寝台で、暗証番号式でロックができる鍵が設置されている。

特急・急行列車の寝台車を利用する場合は、「人数分の運賃」と「人数分の特急・急行料金」、そして「寝台料金」を購入する必要がある。寝台料金は、1人用個室を1人で利用したときも、2人用個室を2人で利用したときも1室分である。寝台料金は「おとな」「こども」ともに同額で、1室単位で発売されるので他の乗客と相部屋になることはない。

Chapter 1 基礎知識10

コンパートメント券

「旅客営業規則」における コンパートメント券の取り決め

JRの「旅客営業規則」第60条には、コンパートメント券の発売に関する取り決めが定められている。

第60条の3

旅客が、コンパートメント個室を使用する場合は、乗車する日、列車、旅客車、座席及び乗車区間を指定して、次に掲げる場合に限ってコンパートメント券を発売する。

(1)コンパートメント個室設備定員と同一の人員が乗車するとき
(2)設備定員が複数のコンパートメント個室にあっては、乗車旅客の全員が当該個室を同一区間乗車するとき

JR北海道「スーパーとかち」

JR北海道がかつて運行していた石勝線系統の特急列車。1階部分がコンパートメント個室の合造車となっていて、コンパートメント個室を利用するためにコンパートメント券が必要だった。

現在は対象の列車が設定されていない

JRの「旅客営業規則」に定められている「コンパートメント券」は、個室に乗車するために必要な券である。数席ごとに仕切り板などで区切った形式の座席を「コンパートメント席」といい、日本では少ないが、ヨーロッパの鉄道車両では多い。また、日本の場合は単に「個室」として扱われることも多い。

コンパートメント券の対象となる列車としては、1991年から営業運転を開始した特急「スーパーとかち」に連結されたキサロハ182形550番台があった。2階建て車両で、2階がグリーン車開放座席、そして1階がコンパートメント個室とされ、この個室に乗車するために必要とされたのがコンパートメント券だった。しかし、キサロハ182形550番台の営業は2001年に終了。現在、コンパートメント券の対象となる列車は設定されていない。

コンパートメント席を持つ車両・列車

コンパートメント席は単に「個室」ともいい、プライベートが確保できるのが魅力。ただし、壁はホテルよりも薄いので、騒ぎすぎないようにしよう。

JR九州 787系特急電車

「リレーかもめ」「きらめき」「にちりん」「ひゅうが」「みどり」の各列車で運用。1号車に1室、「サロンコンパートメント」と称される個室がある。真ん中のテーブルは折りたたみ式。

JR東日本「サフィール踊り子」(E261系電車)

東京―伊豆急下田間を1日1〜2往復し、2号車と3号車に4人用・6人用のグリーン個室がある。車体側面の上部に天窓が設置され、車内は明るく開放的。揺れが少ないのも魅力。

東武鉄道100系 スペーシア

1990年にデビューした「スペーシア」には、4人用個室が6室設けられている。後継の「スペーシアX」にも4人用4室のほか、定員7人の「コックピットスイート」がある。

東海道新幹線に個室が復活予定

ただし、JRの列車に個室がないというわけではない。例えば、山陽新幹線「ひかりレールスター」などで運用される新幹線700系電車の7000番台には、簡易仕切り壁を設けた4人用個室が4室設けられている。しかし、コンパートメント券は発売されていない。

他にも、JRにはJR東日本の特急「サフィール踊り子」、JR九州の787系電車でコンパートメント席が運用されている。また、JR東海は2026年度中に東海道新幹線で個室を導入することを発表している。

私鉄では、東武の「スペーシアX」、近鉄の「しまかぜ」など、さまざまな個室席が設定されている。乗車の際には人数分の特急料金と運賃に加え、「スペーシアX」は定額の特別座席料金、「しまかぜ」も定額の個室料金を支払う必要がある。

Chapter 1
基礎知識11

乗車整理券とライナー券

確実に座るための「乗車整理券」

「ホームライナー津田沼」は1984年、国鉄で2例目のホームライナーとして、東京―津田沼間で運行を開始した。その後、千葉駅まで伸びて「ホームライナー千葉」となったが、2019年に廃止された。乗車に際しては「ライナー券」を購入し、乗車時に改札を行うスタイルだった。

総武線快速「ホームライナー津田沼」の乗車整理券。

JRの「旅客営業規則」における乗車整理料金の取り決め

乗車整理料金

第140条の2

当社において特に必要と認める場合は、乗車整理料金を収受して列車の始発駅等における座席確保の取扱いをする。

(2) 前項の規定による乗車整理料金は、旅客1人につき330円とし、九州旅客鉄道会社線内相互発着となる区間の場合は320円とする。ただし、別に定める場合は、特定の額とすることがある。

駅のホームにあるJR東海「ホームライナー」の券売機。乗車整理券やライナー券の発売箇所は始発駅に限定されていることが多い。

座席の確保を目的として発売される

JRの「旅客営業規則」で設定されている「きっぷ」の中で、位置づけが曖昧なのが「乗車整理券」だ。特定の列車などに乗車し、着席するために車内または車外で発行される「きっぷ」である。

盆や年末年始の帰省時、平日朝夕の通学時には「ラッシュ」と呼ばれる混雑が発生する。混乱を避けるため、国鉄は乗車整理券を発行し、購入者は優先的に乗車できるようにした。

その後、新幹線の延伸や指定席が確保しやすくなったため、乗車整理券は姿を消していった。しかし、１９８４年に上野―大宮間で「ホームライナー」の運転が始まり、乗車整理券が復活した。在来線特急「あさま」の回送列車を通勤客に開放したサービスで、３００円(当時)の乗車整理券を買えば乗ることができた。乗車整理券は列車の座席の数しか発行しなかったので、「座

JR東海の「ホームライナー」

JR東海では、乗車券の他に乗車整理券が必要な「ホームライナー」が運行されている。東海道本線の静岡地区は特急型車両373系電車、名古屋地区は683系8000番台電車、中央本線は383系電車が使用されている。「ホームライナー瑞浪」はグリーン車も設定されており、乗車整理券の代わりにグリーン券を購入することで乗車できる。

ホームライナー沼津・静岡・浜松
JR 東海道本線（沼津―静岡―浜松間）

ホームライナー大垣
JR 東海道本線（名古屋―大垣間）

ホームライナー瑞浪
JR 中央本線（名古屋―瑞浪間）

私鉄・第三セクターにおける「通勤列車」

JR以外でも、ライナー列車に似た着席乗車目的の「通勤列車」を運行する鉄道会社がある。乗車券の他に「乗車整理券」を購入することで、座って移動することができる。

鉄道会社	列車名
京成電鉄	モーニングライナー（朝）、イブニングライナー（夕）
京浜急行電鉄	モーニング・ウィング号（朝）、イブニング・ウィング（夕）
東武鉄道	TJライナー、THライナー
西武鉄道・東京地下鉄・東急電鉄・横浜高速鉄道	S-TRAIN
京王電鉄	京王ライナー

2018年から京王電鉄で運行を開始した「京王ライナー」。

って帰れる通勤列車」としてPRされた。

徐々に姿を消すライナー列車

こうした列車は「通勤ライナー」と呼ばれ、首都圏を中心に各地で定着した。「ライナー」が定着したため、乗車整理券は「ライナー券」とも呼ばれる。

料金の額は鉄道会社によってさまざまだが、JRの「旅客営業規則」では、乗車整理料金は1人につき330円と定められている。ただし、料金は一定ではなく、東京都内―小田原間を運行していた「湘南ライナー」は520円だった。

2010年代に入ると、特急列車や快速・普通列車への置き換え、利用者の減少などもあり、ライナー列車は徐々に姿を消していった。首都圏では2021年3月のダイヤ改正で「湘南ライナー」が姿を消し、現在はJR東海の「ホームライナー」が残るのみとなっている。

入場券のルール

改札内に入る際に必要となる券

駅員がいる有人駅で、見送りや出迎え、列車の撮影など、乗車以外の目的で駅の改札内に入る際に発行されるのが「入場券」である。入場料金は各鉄道会社の最低運賃と同額が原則で、料金が異なる鉄道会社が2社以上共同利用している場合は、最安の入場料金が適用される。入場券では列車内に立ち入ることはできず、乗車した場合、入場券は運賃に充当できない。乗車区間の運賃を別途支払う必要がある。

一方で、ほとんどの地下鉄や西日本鉄道など、入場券を発売していない鉄道会社もある。西鉄の場合、駅に入る場合は駅員から入場証(要返却)を受け取る必要がある。

日本の鉄道で最初に入場券を発売したのは、1897年の山陽鉄道(後の山陽本線を敷設した私鉄)だったとされる。一部の鉄道会社では硬券(厚紙を用いた券)の入場券も

鉄道会社別 入場券の金額

入場料金は、各鉄道会社の最低運賃と同額が原則。JRグループでも金額は統一されていない。

JRグループ

入場券発売エリア	おとな	こども
JR北海道	200円	100円
名古屋地区の鉄道駅バリアフリー料金を収受する区間内	160円	80円
本州3社内及び小倉駅・博多駅(東京・大阪の電車特定区間を除く)	150円	70円
東京の電車特定区間	150円	70円
大阪の電車特定区間	140円	60円
JR四国	190円	90円
JR九州(小倉駅・博多駅を除く)	170円	80円

私鉄

鉄道会社	大人	小児
小田急電鉄	130円	70円
京成電鉄(※)、京王電鉄、東急電鉄	140円	70円
京浜急行電鉄、京阪電車	150円	80円
東武鉄道、西武鉄道、阪神電鉄	160円	80円
名古屋鉄道、阪急電鉄	170円	90円
南海電気鉄道、近畿日本鉄道	180円	90円

※…千原線各駅は大人190円、小児100円。成田湯川駅は大人210円、小児110円

共用している駅の場合

入場料金が異なる鉄道会社が2社以上、共同利用している場合は、最も安い会社の入場料金が適用される。

例1 小倉駅・博多駅
(JR九州とJR西日本が共同利用)

× JR九州 おとな170円・こども80円
○ JR西日本 おとな150円・こども70円

例2 豊橋駅
(名古屋鉄道とJR東海の共同利用)

× 名古屋鉄道 大人170円・小児80円
○ JR東海 おとな150円・こども70円

さまざまな鉄道の入場券

入場券には駅名・日付・入場料金などが印字されており、なかにはイラスト付きのものもある。

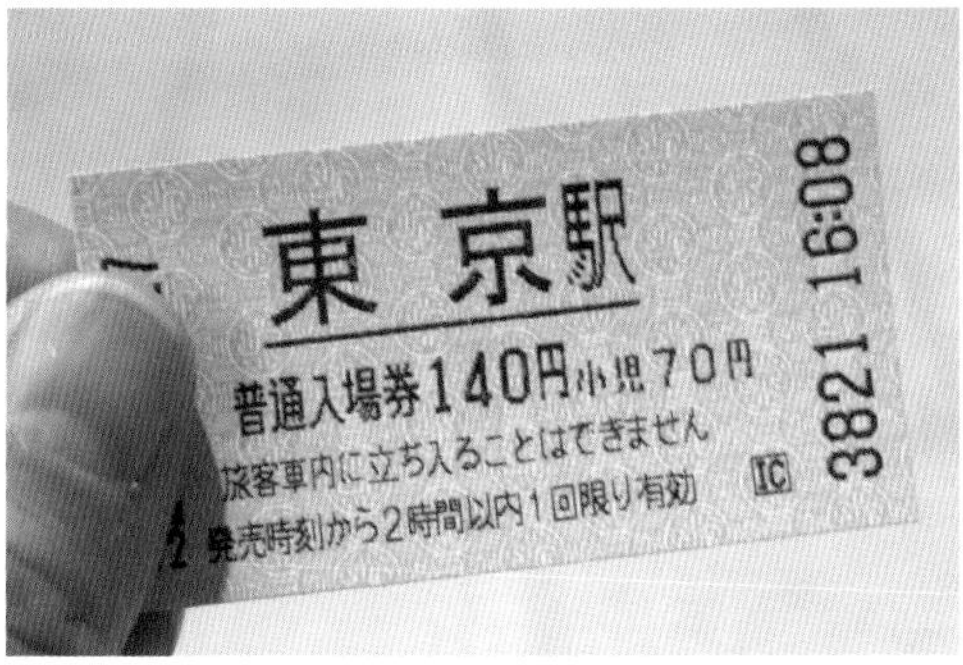

銭函駅（JR北海道・函館本線）

銭函（銭箱）と福の神の絵柄が入った記念の硬券入場券。「銭函」の駅名から、縁起がよい駅として親しまれている。

学駅
（JR四国・徳島線）

硬券入場券の右端上部には入場券を意味する「入」、その下には駅名の「学」が印字されており、縦に「入学」と読めることから受験生に人気。1枚170円で、入場券5枚とお守り袋のセット販売もある。

駅に入るためだけの「定期入場券」

入場券の中には、1カ月間有効の「定期入場券」がある。JRの特定の駅で発行されており、かつては旅館などの従業員が駅構内を送迎するために使用していたという。駅の一方の改札口から反対側の改札口に通り抜けたい人などに、一定の需要がある。

JRの定期入場券の金額

入場券発売エリア	おとな	こども
JR北海道	5920円	2960円
JR四国	5910円	2950円
東京の電車特定区間	3950円	1970円
大阪の電車特定区間	3960円	1980円
上記以外のエリア	4620円	2310円

JR高尾駅の改札口。駅南北の往来が不便なため、東京都八王子市が定期入場券の購入補助を行っている（65歳以上の人、障がい者が対象）。

発売しており、記念品として購入する人も多い。新駅開業などで記念入場券が発行されることもあり、鉄道ファン以外にも人気がある。

入場券の使用時間は会社によりさまざま

入場券は発売当日に限り有効だが、JR北海道・JR東日本・JR東海・JR西日本の全駅と、JR九州の小倉駅・博多駅は、入場券の使用時間が発売時刻から2時間以内と定められている。2時間を超えた場合は、超えた時間に対して2時間ごとに入場料金が必要となる。

最近は駅構内の飲食店や商業施設が充実し、「列車には乗らないけど駅には入る」というニーズが増えている。JR東日本では、交通系ICカードが駅の入場券として使える「タッチでエキナカ」のサービスを開始。一部の駅では、エキナカの飲食店や商業施設で買い物をすると、入場券がポイントバックされる還元キャンペーンを行っている。

Chapter 1

基礎知識13

交通系ICカード

交通系ICカードの種類

交通系ICカードには、誰でも利用できる「無記名式」と登録者本人のみが利用できる「記名式」、記名式に定期券機能を付加した「定期券」がある。

記名式

氏名や生年月日、性別などが登録できる。カードに氏名が表示され、記名された本人以外は使用できない。万一紛失しても、登録情報をもとに再発行ができる。

無記名式

誰でも利用可能で、購入時の登録は不要。紛失した場合の再発行はできない。購入後でも、氏名や生年月日などを登録して「記名式」に変更できる。

定期券

定期券機能が付加された「記名式」のICカード。チャージしておけば、定期券の区間外から乗車したり、区間外に乗り越したときに、改札機にタッチするだけで自動精算してくれる。

交通系ICカード利用者の増加にともない、自動改札機もきっぷの投入口がないIC専用が増えてきた。

紙のきっぷに代わる乗車券のスタンダード

交通系ICカードは、ICチップを実装したプリペイド式(前払い式)の乗車カードのこと。日本各地の鉄道会社やバス会社が発行している電子マネーの総称で、買い物にも使用できる。

きっぷを購入していなくても、お手持ちの交通系ICカードにお金が入っていれば、自動改札機の読み取り部にタッチするだけで通過できる。交通系ICカードの普及によって、紙のきっぷの存在感が一気に薄まったといっても過言ではない。

JR東日本の「Suica」やJR西日本の「ICOCA」、JR東海の「TOICA」など、主要な鉄道会社が発行する10種類のICカードは相互利用が可能で、「10カード」とも呼ばれる。例えば、「Suica」を使ってJR東海の名古屋―岐阜間など、他のエリアの鉄道も利用することができる。

さまざまな交通系ICカード

交通系ICカードの愛称は発行する会社によって異なるが、基本的なしくみや使い方はほとんど同じ。全国で相互利用が可能な10種類のほか、地域独自のICカードもある。

相互利用が可能(10カード)

- Kitaca(JR北海道)
- Suica(JR東日本)
- PASMO(関東の私鉄・地下鉄・バスなど)
- TOICA(JR東海)
- manaca(名古屋鉄道など)
- ICOCA(JR西日本)
- PiTaPa(関西の私鉄・地下鉄・バスなど)
- SUGOCA(JR九州)
- nimoca(西日本鉄道など)
- はやかけん(福岡市営地下鉄)

片利用が可能

Suicaのシステムを介して利用可能
- SAPICA(札幌市交通局など)
- icsca(仙台市交通局など)
- りゅーと(新潟交通)

ICOCAのシステムを介して利用可能
- PASPY(広島県内の民鉄・バス事業者)
- IruCa(高松琴平電気鉄道など)

SUGOCAのシステムを介して利用可能
- エヌタスTカードエリア(長崎自動車グループ)
- くまモンのICカード(※)(熊本県内の民鉄・バス事業者)

(※)正式名称は「熊本地域振興ICカード」

例えば、「10カード」は「PASPY」のエリアでも使用できるが、「PASPY」は他のエリアでは基本的に利用できない。

エリアをまたいでのICカード利用は不可

交通系ICカードは、原則としてエリアがそれぞれ独立している。複数のICカードエリアをまたいでの連続利用ができない。エリアをまたぐ利用の場合は、交通系ICカードを使って紙のきっぷを購入するのが一番無難である。一方で、2021年春からは定期券に限り、本州3社が展開する「Suica」「TOICA」「ICOCA」で、相互にエリアをまたいでの乗車が可能になった。

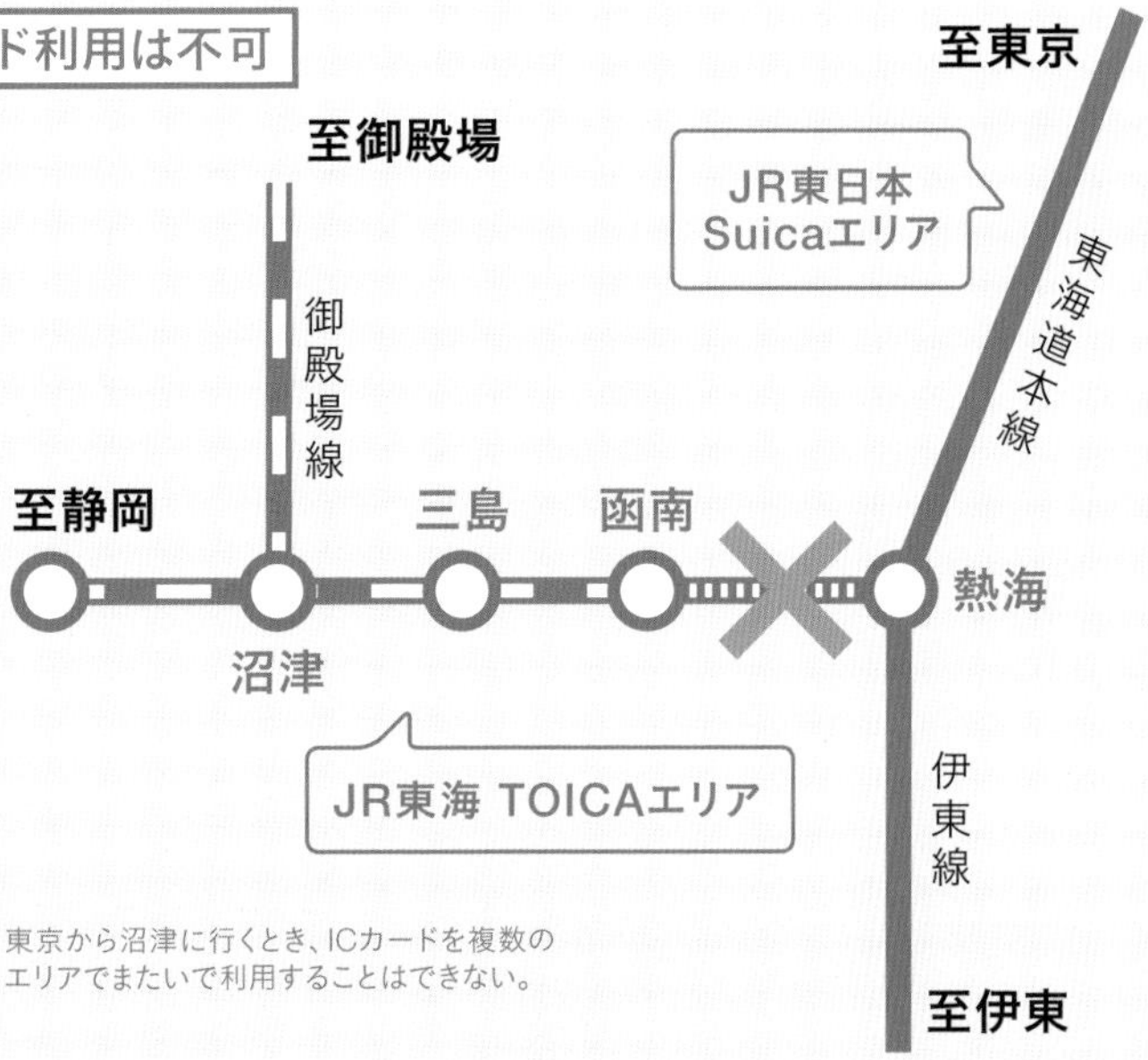

東京から沼津に行くとき、ICカードを複数のエリアでまたいで利用することはできない。

交通系ＩＣカードが購入できる場所

ただし、各ＩＣカードには「利用可能なエリア」が定められており、複数のＩＣカードエリアをまたがった連続利用はできない（一部のエリアを除く）。

例えば、東京駅からＳｕｉｃａを使って列車に乗るとき、熱海まではＩＣカードを使うことができる。しかし、熱海―函南間を通って沼津まで行く場合は、カードの乗車記録を取り消し、東京―沼津間の運賃をあらためて支払わなければならない。遠くまで行くとき、特にＪＲのエリアをまたぐ場合は、あらかじめＩＣカードの利用範囲を確認しておこう。

交通系ＩＣカードは、駅の窓口や自動券売機などで購入することができる。購入に際してはデポジット（預かり金）またはカード発行預かり金として５００円が必要だが、これはカードを返却するときに返金される。

Chapter 1
基礎知識14

特別企画乗車券

「トクトクきっぷ」のタイプ

「トクトクきっぷ」は大きく分けて4つのタイプがあり、JR各社共通のもの、各社ごとに単独で発売されるものがある。

フリー乗車券タイプ

有効期間内において、定められたエリアや路線が乗り放題になるきっぷ。JR各社共通「青春18きっぷ」のほか、地下鉄やローカル私鉄に多い「1日乗車券」などがある。

八代と川内を結ぶ第三セクター、肥薩おれんじ鉄道の1日乗車券。

往復乗車券タイプ

往復セットで購入するとおトクになるきっぷで、多くは乗車券と特急券がセットになっている。往復のきっぷとテーマパークなどの観光施設の入場券がセットになった「入場券付き乗車券」もある。

往復＋フリータイプ

出発地から「自由周遊区間」までの往復乗車券に、自由周遊区間内の乗り降り自由の効力が加わったきっぷ。JR東日本の「首都圏週末フリー乗車券」、JR東海の「伊勢・鳥羽エリアフリーきっぷ」などがある。

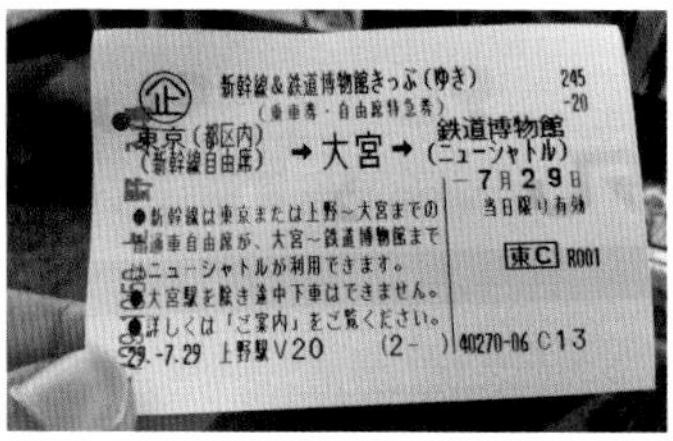

新幹線＆鉄道博物館きっぷは、往復の新幹線、ニューシャトルと鉄道博物館の入場券がセットになっている。

回数券タイプ

何枚かをひと綴りにして、割安価格で発行するきっぷ。新幹線の普通車自由席に乗車できる6枚セットの「新幹線回数券」、新幹線「こだま」のグリーン車に乗車できる4枚セットの「こだま号専用グリーン回数券」などがある。

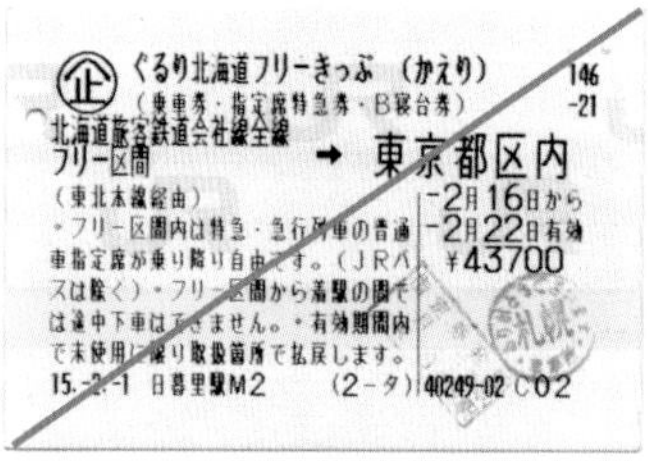

かつて販売されていたぐるり北海道フリーきっぷは、北海道までの往復と道内フリー区間が組み合わさったきっぷだった。

おトクになるけど制約も存在する

「トクトクきっぷ」の愛称で知られる「特別企画乗車券」は、旅客に対する利便性向上や、割引サービスの提供などを目的にしたJRの特殊割引乗車券制度の1つだ。

「トクトクきっぷ」には、「青春18きっぷ」のような乗り放題になるきっぷ、往復セットで購入するとおトクになるきっぷ、テーマパークなど観光施設のチケットとセットになったきっぷなど、さまざまなタイプがある。私鉄や第三セクターの鉄道会社でも、「トクトクきっぷ」のような企画乗車券を発売している。

これらのきっぷは、鉄道会社の営業戦略の一環として発売している。そのため、各社とも盛んに宣伝しているが、鉄道会社の都合で廃止されるものも少なくない。かつて、国鉄(JR)では、指定の地域を自由に乗り降りできる「周遊券(周遊きっぷ)」を発売していたが、利用者の減少に伴い、

「トクトクきっぷ」の利用制限

「トクトクきっぷ」は割安な料金で利用できるが、有効期間や利用資格などにさまざまな制約が設けられていることもある。

有効期間

通年で使えるきっぷもあるが、ほとんどは時期や曜日によって利用期間が限られている。

乗車券の変更

基本的には区間や経路の変更ができない。特急券がセットになったものには、列車が遅れても払い戻しがないものもある。

利用列車

普通列車用の特別企画乗車券の場合、所定の料金を追加で払っても優等列車（新幹線、特急列車）に乗車できないこともある。

利用資格

年齢や特定サービスの入会などによって、利用者を限定する場合がある。

発売箇所

発売箇所が発着駅周辺や使用可能地域に限られているきっぷが多い。インターネット限定など、販路が限定されているきっぷもある。

「青春18きっぷ」はJRの快速・普通列車が乗り放題になる便利なきっぷだが、発売・利用期間は限定されている。

姿を消した国鉄・JRの「周遊券」

「周遊券」は一定の周遊エリア内で、指定された国鉄（JR）線やバスなどの乗り降りが自由になる乗車券である。乗り降りが自由な周遊エリアが広くて有効日数も長い「ワイド周遊券」、周遊エリアを狭くして有効日数も少なくした「ミニ周遊券」、周遊エリアまでの行き帰りに飛行機が使える「ニューワイド周遊券」などがあった。1998年に「周遊きっぷ」という制度にリニューアルしたが、2013年に発売を終了した。

２０１３年に発売を終了している。

「トクトクきっぷ」に存在する制約

ＪＲには「ジパング倶楽部」「大人の休日倶楽部」「エクスプレス予約」などの「会員サービス」があるが、会員限定で購入できる割引乗車券もある。例えば、「大人の休日倶楽部」会員のみに提供されている「大人の休日倶楽部パス」は、新幹線（北海道版を除く）・特急・急行・普通列車の普通車自由席が連続する４日間ないし５日間、何度でも利用できる。「えきねっと」を利用すれば、さらに割引価格で購入可能だ。

割引になるのが「トクトクきっぷ」の魅力だが、「利用者が少ない時期」「２人一緒に利用する場合」など、有効期限や利用資格などに制約が課されていることもある。安さに惹かれて購入したけど、条件に上手くハマらなくて「安物買いの銭失い」になる可能性もあるので要注意だ。

Chapter 1
基礎知識15

連絡乗車券

連絡運輸（通過連絡運輸）の例

連絡運輸の協定に基づく連絡乗車券の発券は、乗り換えのたびにきっぷを買い直す手間が省けることから、旅行者の不安軽減にもなっている。

①智頭急行＋JR西日本

JR線から智頭急行を経由し、JR線で完結するルート。特急「スーパーはくと」は、新大阪―鳥取間を約2時間半で走行する。姫路駅で東海道・山陽新幹線「のぞみ」と乗り換えるのに便利なダイヤなので、東京・名古屋からの利用客も多い。一方で、途中下車客を増やすため、スタンプラリーなどのイベントも実施している。

京阪神と鳥取を結ぶ特急「スーパーはくと」。

新幹線の開業で環境が変化した第三セクター鉄道

新潟県の六日町と犀潟を結ぶ北越急行ほくほく線は、かつては特急「はくたか」が運行し、広大な連絡運輸が設定されていた。しかし、北陸新幹線の開業で、在来線特急としての「はくたか」は廃止。北越急行の経営は厳しい状況が続いており、イベント列車の運行による誘客、運賃の値上げなどを行っている。

北越急行で運行していた681系の在来線特急「はくたか」。

「連絡運輸」に基づき発券される

JRと私鉄など、異なる鉄道会社の路線をまたがって乗る際も、1枚の乗車券で移動できる。これは、旅客や貨物を円滑に運送するために関係事業者間で結んだ「連絡運輸」に基づいて発券されたもので、この制度を適用して発券される乗車券は「連絡乗車券」とも呼ばれる。原則として乗り換え場所を限定し、双方の路線の運賃を合算する。しかし、特定の割引を行ったり、乗り換え場所を限定しないものもある。

有名なのが、京阪神～鳥取間を列車で移動するときのルートだ。特急「スーパーはくと」を使えば乗り換えなしで移動できるが、この特急は途中の上郡―智頭間で智頭急行の路線を通る。JRではない第三セクターの鉄道だが、大半の人は特に気にならないはずだ。「スーパーはくと」のように、中間に他の会社の路線を挟む連絡運輸を「通過連絡運輸」という。

②JR東海＋伊勢鉄道

伊勢鉄道はJR東海の関西本線と紀勢本線に挟まれた第三セクター鉄道で、四日市と津の間をショートカットする。特急「南紀」や快速「みえ」はJRから伊勢鉄道を経由し、再びJRの線路を走行する。

名古屋—新宮または紀伊勝浦間を運行する特急「南紀」。

名古屋—鳥羽間を運行する快速「みえ」。「青春18きっぷ」でも乗車可能だが、伊勢鉄道区間は別料金。

姿を消す首都圏の連絡乗車券

2023年3月のダイヤ改正では、首都圏の鉄道会社が多くの連絡乗車券を廃止・縮小させた。交通系ICカードの普及で紙のきっぷの利用実績は著しく減っており、今後さらに縮小していくことが予想される。

2023年3月で連絡乗車券の発売を縮小した主な鉄道会社

鉄道会社	概要
JR 東日本	東京メトロとの直通運転区間や乗継割引区間などを除き発売終了
京成電鉄	日暮里駅でのJRとの連絡乗車券の対象を、山手線とその内側の駅に限定
京王電鉄	都営新宿線との直通運転区間や乗継割引区間を除き発売終了
小田急電鉄	藤沢、小田原駅経由のJRとの連絡乗車券を廃止
東京メトロ	他社との直通運転区間や乗継割引区間を除き発売終了
東武鉄道	JR・東京メトロとの直通運転区間や乗継割引区間を除き、一部区間で発売を終了

ＩＣカードの普及で姿を消しつつある

ＪＲや私鉄、地下鉄が複雑に入り組んだ大都市圏では、さまざまな連絡乗車券が発行されている。鉄道ファンの中には、連絡乗車券を収集する人もいる。

連絡乗車券は原則として乗り換えの場所を限定し、各鉄道会社の運賃・料金を合算する。初乗り運賃が2回かかって割高になるケースもあるが、それを防ぐため、特例として割引運賃を適用しているケースもある。乗り換えの駅できっぷを買い直す必要がないので、利用客にとってもメリットが大きい。

しかし、交通系ＩＣカードの普及によって、連絡乗車券の発券は必須とはいえなくなった。首都圏の鉄道会社は２０２３年のダイヤ改正で連絡乗車券の発売を大幅に縮小し、姿を消しつつある。一方で、昔ながらの硬券で連絡乗車券を発券する地方の鉄道会社もある。

特殊な記念きっぷ

近年は、多くの鉄道会社がアイデアにあふれた記念きっぷを発行している。
きっぷの魅力が深まるものばかりで、コレクターの興味を惹きつける。

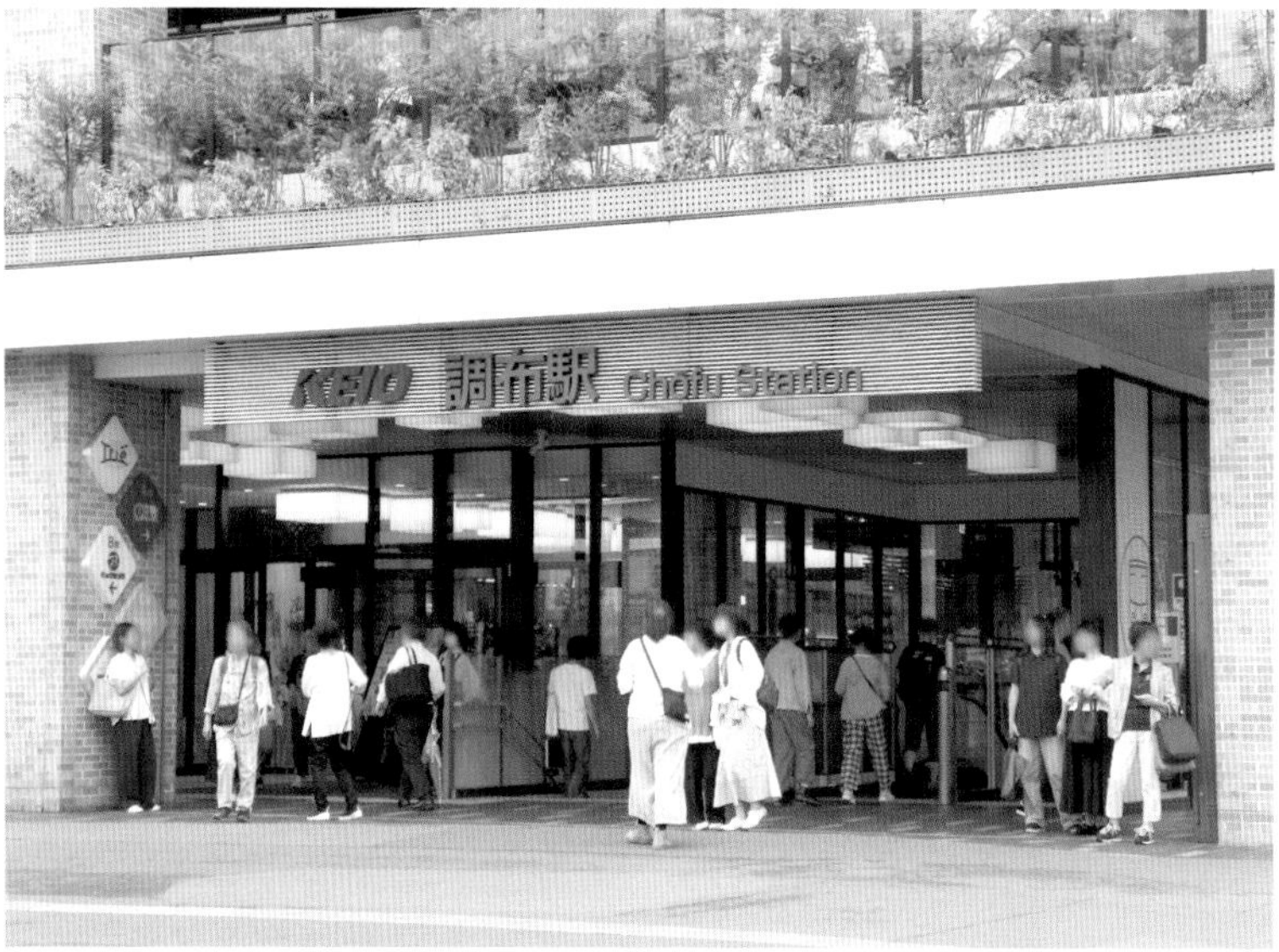

東京都調布市は、漫画家の水木しげる氏が人生の大半を過ごした地。京王電鉄調布駅では、水木氏の代表作『ゲゲゲの鬼太郎』にちなんだ記念きっぷがしばしば販売されている。

思わず集めたくなる魅力あるきっぷ

車両の就役や引退、鉄道会社の創業、駅の開業、元号の変更、人気アニメとのコラボなど、さまざまな形で発行される「記念きっぷ」。乗車券として発行される「記念乗車券」と、入場券として発行される「記念入場券」がある。乗車券や入場券として使うことも可能だが、実際に使用する人はほとんどいない。コレクションとして、保管・鑑賞する人が多い。写真や絵柄なども入って「記念グッズ」としての要素もあるので、鉄道ファン以外も多く購入する。

基本的には数量限定で、特定の時期に、特定の駅やイベントでしか販売されていない。すぐに完売する超レアな記念きっぷがあれば、毎年決まったシーズンに販売される定番品もある。また、通年で販売される記念きっぷもある。

記念きっぷの始まりは、1905年に東京市街鉄道(現在の都電の前身)が日露戦

全駅記念券

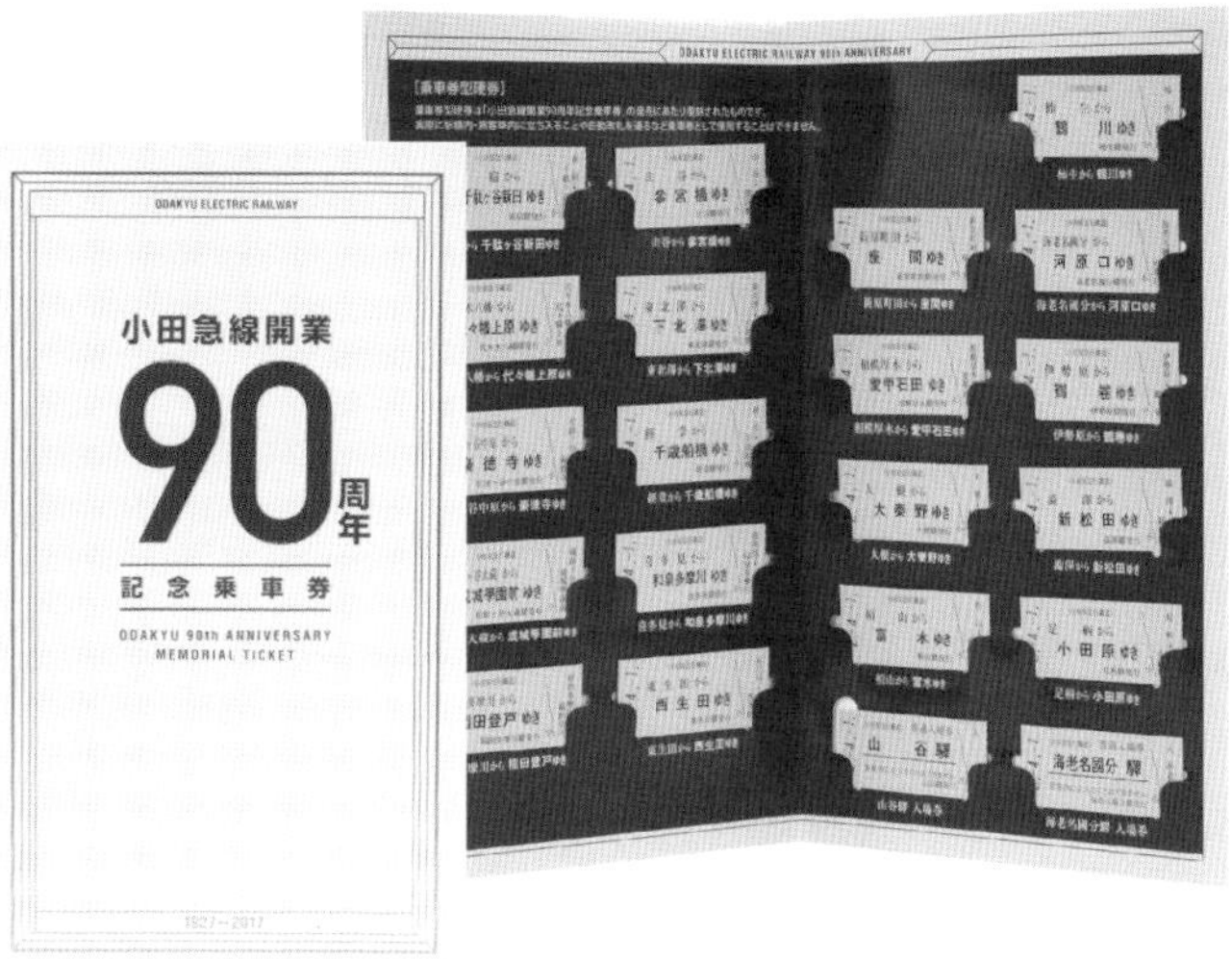

鉄道会社の創業記念などに発行されることが多い。創業当時や現在の全駅分の記念券が豪華な台紙にセットされており、圧倒的なインパクトを誇る。

主な全駅記念券

- 鉄道開業150周年記念「JR全駅入場券」
- 相模鉄道「新横浜駅開業記念全駅入場券セット」
- 北条鉄道全駅入場券(全8駅の硬券入場券セット)
- 東武東上線 全46駅記念乗車券

特殊形状・材質

合格祈願などの絵馬形きっぷ、コロッケの形をしたきっぷ、卵型のきっぷなど、さまざまな形・材質のきっぷが発行されている。

プレミアム付き記念券

各種記念券に添えられた記念証(昔の乗車券の復刻版など)やカード、プレート付きのお得感があるきっぷのセット。

天皇陛下御即位／皇太子御成婚記念

天皇陛下御即位や皇太子御成婚などの皇室行事の際、これを祝して鉄道会社から記念券が発行される。その名に相応しい、豪華な台紙が用いられる。

シンプルな入場券

硬券のみ、簡易台紙が付いているだけのシンプルなタイプもある。鉄道きっぷだけでなく、鉄道をコンセプトにしたイベントの入場券、リゾート施設・テーマパークなどの記念品もある。

争の勝利を記念して発行した「満州軍總司令凱旋記念乗車券」。国鉄で初めての記念きっぷは1928年、昭和天皇の即位礼を記念した「御大礼記念回遊乗車券」である。戦前は国家レベルの祭礼を記念したものがほとんどだった。

紙製以外の記念きっぷも登場

戦後になると、さまざまな記念きっぷが発行された。初期のものは軟紙(薄紙)が主流で、短冊状の複数枚を専用袋に入れたものが多くあった。鉄道路線が廃止される際には、廃線記念きっぷも発行された。紙製のきっぷだけでなく、絵馬の形や木の板に釣鐘がついた記念きっぷも売り出され、バリエーションが増えていった。

2023年も忠犬ハチ公生誕100周年を記念した記念入場券(JR東日本)など、鉄道会社からさまざまな記念きっぷが発売された。今後も、コレクターの収集欲をかき立てる記念きっぷが次々と出てくるはずだ。

Chapter 1 基礎知識17

青春18きっぷ

青春18きっぷの概要

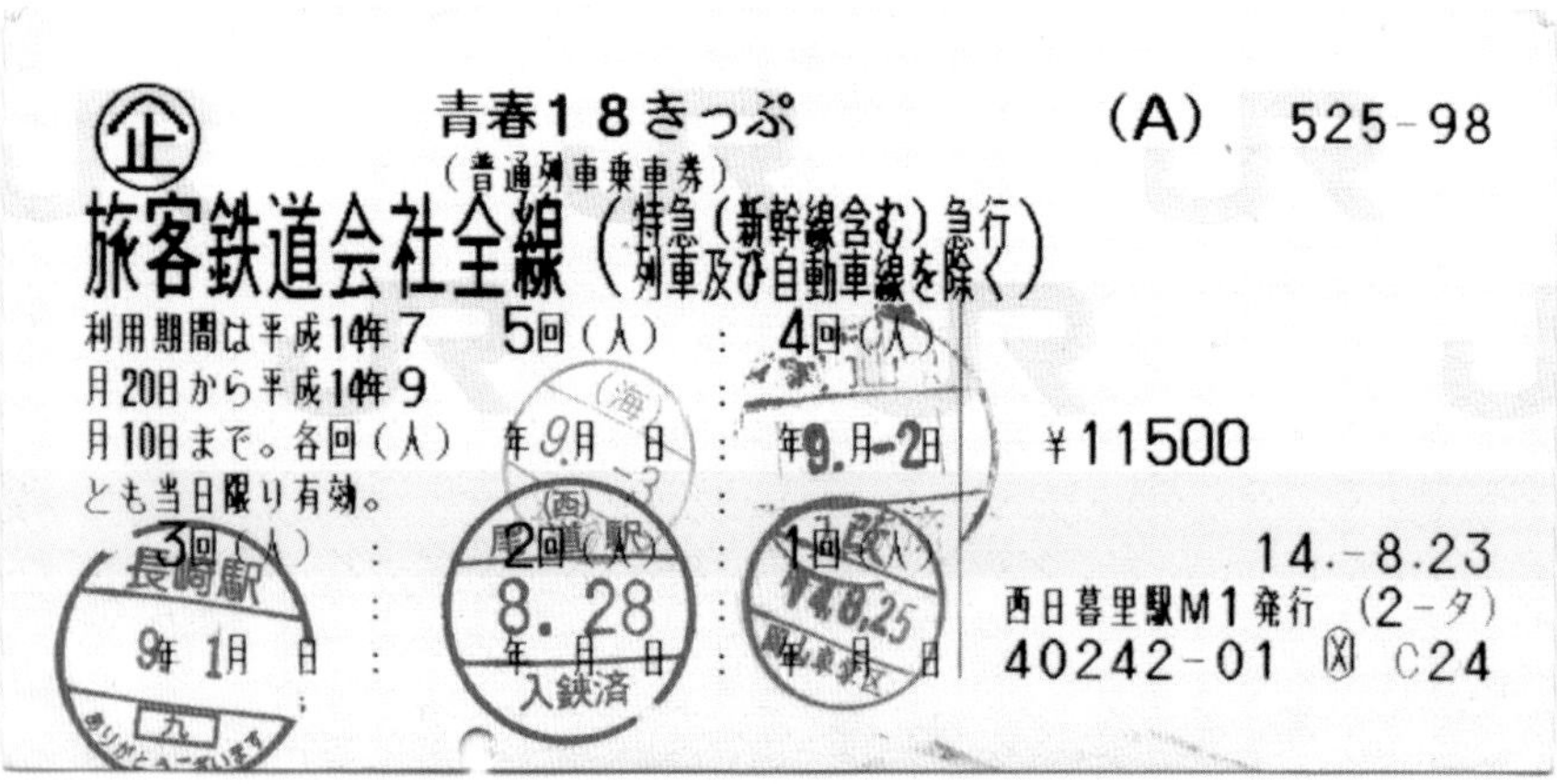

青春18きっぷの券面には利用金額や発売金額のほか、利用証明となる日付スタンプを押す欄がある。

青春18きっぷ

1.JR線の普通・快速列車が2410円で1日乗り放題

2.「青春」だけど年齢制限はなし

3.きっぷ1枚で5回分(1万2050円)のセット販売

4.1枚のきっぷをグループで共有できる

5.快速や新快速の列車にも乗車可能

6.観光列車や特急に乗れるチャンスもある

7.JR運営のフェリーやBRTにも乗れる

8.JRグループ加盟ホテルの割引サービスが受けられる

2410円で1日乗り放題

「青春18きっぷ」はJRが発売する企画乗車券で、特急・急行・新幹線を除く全国のJR線の普通・快速列車が乗り放題になる。5回(人)分が1セットで販売されており、現在の価格は1万2050円。1回分のバラ売りはされていない。1回(人)あたりの価格は2410円で、年齢制限がなく誰でも利用できる。

日本国有鉄道(国鉄)旅客局が運賃増収策の一環として企画し、1982年に初めて発売された(発売当初の名称は「青春18のびのびきっぷ」)。第1回発売時の価格は8000円(1日券3枚と2日券1枚のセット)で、徐々に値上がりし、2019年から現行価格になっている。

きっぷの名付け親は、後にJR東海の初代取締役社長となる須田寛氏で、青少年や学生をイメージした「青春」と、末広がりの8にも通じる「18」を組み合わせて名付けた。長

青春18きっぷ利用の流れ

1. 駅の改札口で日付のスタンプを押してもらう
2. 日付が間違っていないか、読み取れるかどうかをチェックする
3. ホームに入る
4. 列車などに乗車して移動
5. 下車駅の有人改札で、駅員に青春18きっぷを見せる（無人駅の場合は、降車時に車掌または運転士に青春18きっぷを見せる）
6. 利用日のチェックをしてもらい、確認後に有人改札を出る

出発の際に、出発駅の有人改札口で日付印を押してもらう。無人駅などで改札に人がいない場合は、乗車後に列車乗務員から日付を入れてもらう。次に下車した有人駅で、スタンプを押してもらってもよい。青春18きっぷは自動改札口に対応していないので、途中下車や再乗車する場合は、押印した青春18きっぷを有人改札口で提示する必要がある。

券売機で発券した青春18きっぷはインクがにじみやすいので、日付のスタンプもなかなか乾かない場合がある。すぐにしまわず、しばらく手に持って乾くのを待とう。

青春18きっぷの元を取るには？

青春18きっぷの1回利用分は2410円なので、運賃が2410円以上になる距離を移動すれば、1回分の元が取れる計算になる。

運賃が2410円以上になる営業距離は、JR本州3社の幹線なら140.1km以上。これは東京発であれば、東海道本線の吉原（静岡県富士市）、東北本線の矢板（栃木県矢板市）、中央本線の塩崎（山梨県甲斐市）以遠となる。往復の場合、2410円の半分以上にあたる「1210円以上の距離」を往復すれば、1回利用分の元が取れる。東京発なら東海道本線の二宮（神奈川県二宮町）、東北本線なら間々田（栃木県小山市）以遠となる。

東京発

路線	片道	往復
東海道本線	吉原（静岡県富士市）	二宮（神奈川県二宮町）
東北本線（宇都宮線）	矢板（栃木県矢板市）	間々田（栃木県小山市）
中央本線	塩崎（山梨県甲斐市）	四方津《しおつ》（山梨県上野原市）
高崎線・上越線	岩本（群馬県沼田市）	籠原（埼玉県熊谷市）
常磐線	大甕《おおみか》（茨城県日立市）	神立《かんだつ》（茨城県土浦市）

大阪発

路線	片道	往復
東海道本線	大垣（岐阜県大垣市）	野洲《やす》（滋賀県野洲市）
山陽本線	吉永（岡山県備前市）	加古川（兵庫県加古川市）
関西本線（天王寺経由）	南四日市（三重県四日市市）	月ヶ瀬口（京都府南山城村）
山陰本線	梁瀬（兵庫県朝来《あさご》市）	八木（京都府南丹市）

名古屋発

路線	片道	往復
東海道本線（上り）	菊川（静岡県菊川市）	豊橋（愛知県豊橋市）
東海道本線（下り）	山科（京都府京都市）	醒ヶ井《さめがい》（滋賀県米原市）

期休暇期間（春休み・夏休み・冬休み）は学生の鉄道利用が減り、収益にも影響を及ぼした。そこで、「若い人にたくさん乗ってほしい」という思いから企画された。

現在も、学校の長期休暇期間に合わせて発売されている。ただし、次のシーズンに繰り越すことができないので、5回分を1シーズンで使い切れるよう上手にスケジュールを立てておこう。きっぷの払い戻しは、5回分すべて未使用のものに限って対応している。ただし、有効期間内に払い戻す必要があり、220円の手数料がかかる。

青春18きっぷは「みどりの窓口」や「きっぷうりば」、旅行センターなどで扱っているほか、JR東日本の指定席券売機、JR西日本のみどりの券売機（一部の設置駅を除く）、「みどりの券売機プラス」でも購入できる。きっぷ本体に加えて大事なことが記載されている「ご案内」の券も発行されるので、利用時は目を通しておこう。

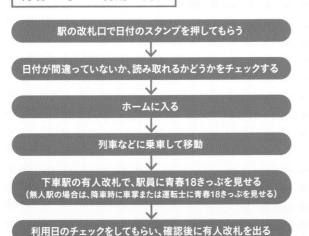

COLUMN 1

東京→大阪

青春18きっぷで 鉄道乗り尽くしの旅

5日間、JRのすべての快速・普通列車が1万2050円で乗り放題となる「青春18きっぷ」を使えば、安く旅ができる。のんびりと車窓を眺めながら、列車の旅を楽しんでみよう。

金谷～菊川間を走行する東海道本線の普通列車。東京駅から神戸駅までを結ぶ鉄道路線で、東京ー熱海間はJR東日本、熱海ー米原間はJR東海、米原ー神戸間はJR西日本の管轄となっている。路線距離は589.5kmで、駅の数は186。

日本の大動脈を走行する東海道本線

東京―大阪間は、新幹線利用(東京―新大阪間)だと1万4720円かかる(「のぞみ」指定席利用の場合)。普通列車でも運賃は8910円だが、「青春18きっぷ」なら2410円(1回分)で、1日で移動すれば6500円のお得旅になる。今回は少し寄り道をしながら、1日で東京から大阪に行く旅を紹介していく。

東京―品川間は洗練された都会のビル群が立ち並び、旅の高揚感を極めてくれる。横浜までは都会的な風景が続くが、相模川を越えると、徐々に田園風景が広がっていく。小田原からは相模湾に沿って進み、進行方向左側から海の眺望が楽しめる。いくつかトンネルを抜け、熱海に到着する。

ここからはJR東海の管轄となり、駅名標もJR東日本の緑からJR東海のオレンジになる。東京―熱海間は10両以上の長大編成だが、ここからは短い編成になるので要注

青春18きっぷ 東京―大阪間の旅ルート例

駅名		発着時間	行き先
東京	発	7:01	東海道本線熱海行
熱海	着	8:59	
熱海	発	9:06	東海道本線島田行
島田	着	10:55	
島田	発	11:09	東海道本線浜松行
浜松	着	11:53	
浜松	発	13:25	東海道本線豊橋行
豊橋	着	13:59	
豊橋	発	14:02	東海道本線快速大垣行
大垣	着	15:32	
大垣	発	15:37	東海道本線米原行
米原	着	16:12	
米原	発	16:17	琵琶湖線新快速播州赤穂行
大阪	着	17:42	

神奈川県小田原市根府川の白糸川に架かる白糸川橋梁。鋼ワーレントラス橋で、赤い塗装が目を引く。

東海道本線での運行も始まったJR東海313系8000番台の車内。

青春18きっぷの旅では、駅のホームにある立ち食いそばを食べるのもおすすめ。

「青春18きっぷ」の有効期間は0時～24時

青春18きっぷの1回分の有効期間は、同じ日の0時から24時まで。日をまたいで運行する列車は最初に停車する駅まで有効となるが、その先まで乗車する場合は、有効期間が切れた駅から下車駅までの運賃を別途精算する必要がある。ただし、首都圏と大阪圏の「電車特定区間」では、日付が変わっても終電まで青春18きっぷが有効になる。そのため、午前1時前後まで青春18きっぷが利用できる。

東海道本線の新快速列車。米原―京都間は「琵琶湖線」の愛称が付けられている。

JR西日本で最多の乗降客数を誇る大阪駅。プラットホーム中央部を巨大なドーム屋根が覆う。

熱海駅の徒歩圏内にある仲見世通り商店街。休憩がてら散策するのもおすすめ。

意だ。また、熱海は駅から徒歩圏内で楽しめるスポットが多いので、休憩がてら散策するのもよい。

列車の本数が多いのが魅力

熱海からは静岡地区を西に向かって進むが、普通列車で移動すると約3時間かかる。かつてはロングシートしかなく、青春18きっぷユーザー泣かせの区間だったが、2022年から転換クロスシートを備えた313系8000番台車両も走っており、以前よりも快適性が高まっている。

3大都市圏をつなぐ東海道本線は列車の本数が多いので、乗り継ぎで列車を長く待つ必要がない。静岡県なら浜松餃子、愛知県なら名古屋めし（みそ煮込みうどん、ひつまぶしなど）といった地元グルメも楽しみたい。浜松からは一般的な快速より停車駅が少ない「新快速」「特別快速」の列車が運行されているので、こちらも有効活用していこう。

PART

きっぷの買い方 ②

かつては駅舎の窓口で購入していたきっぷも現在は券売機やネットなどでも買えるようになっている。また、近年はチケットレス化が進み、物理的なきっぷも必要なくなっている。きっぷの買い方、最新のテクノロジー事情を紹介する。

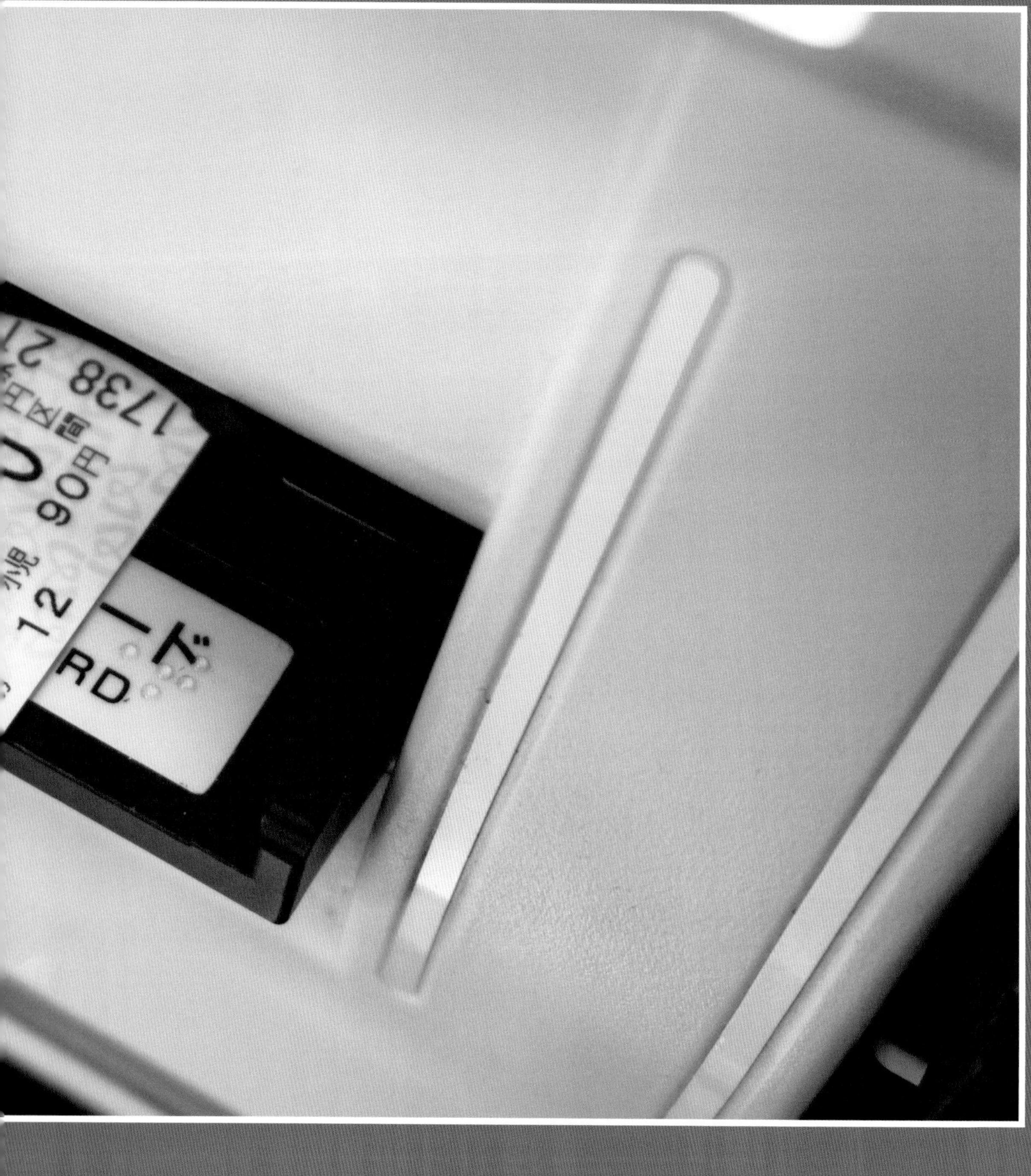

2020.-6.-7
(東京地下鉄)
Toranomon

きっぷの購入前に見ておくもの

行き先や列車の車種を間違えて購入するのを防ぐため、購入前は路線図や時刻表を確認しておこう。

①路線図・駅名リスト

きっぷを購入する前に、まずは目的地（下車駅）までのルートと運賃を確認する。乗り換えがある場合は、どの駅で降りるのかを確認しておく。自動券売機の脇に50音順の駅名リストがある場合は、そちらでチェックしてもよい。

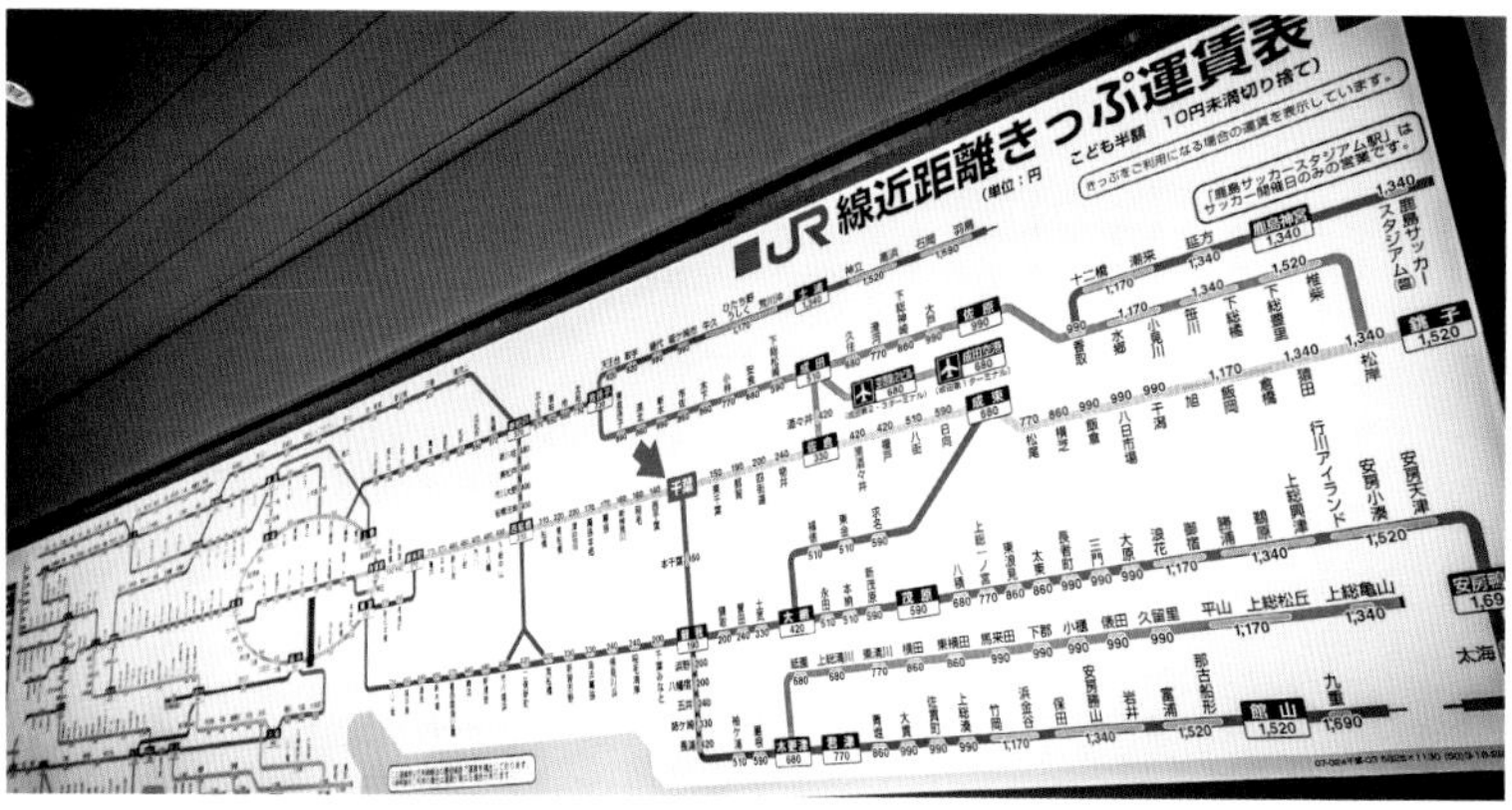

②改札口の掲示板・時刻表

改札口にある掲示板には、列車の出発時刻や車両編成、到着するホーム、行き先、列車種別など、列車に乗るために必要な情報が表示されている。自分が乗車する列車の情報を確認し、きっぷを購入しよう。

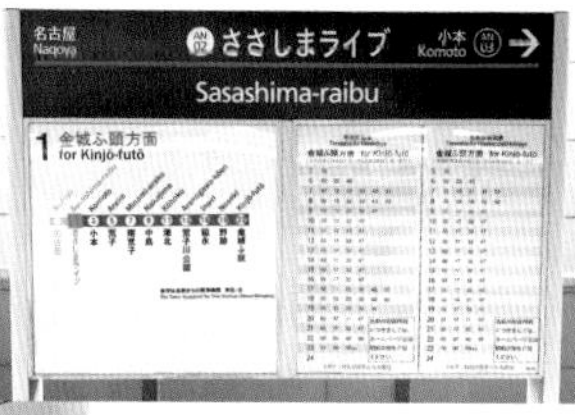

Chapter 2 買い方1

きっぷの買い方

路線図を見て運賃をチェック

「きっぷの買い方なんて、今さら……」と思う人もいるかもしれないが、知らない人は意外と多い。地方はモータリーゼーション化が進んで久しく、鉄道に乗る機会がない人も少なくない。

また、交通系ICカードが浸透したことで、きっぷを買う習慣がない人もいる。いざという時のために、きっぷの基本的な買い方をは知っておいたほうがいい。

鉄道のきっぷは、駅にある自動券売機や有人の「みどりの窓口」で購入するのが一般的だ。他にも、インターネットや旅行会社の窓口で購入するという選択肢もある。

また、金券ショップならリーズナブルな価格できっぷが購入できる。駅で購入する場合は、まずは路線図や時刻表、改札口の掲示板などで、自分が乗る列車の情報や目的地をチェックする。

最近は運行情報を表示する

鉄道のきっぷが買える場所（JRの場合）

きっぷは駅の窓口や自動券売機のほか、インターネットでも予約・購入することができる。

自動券売機

昔は乗車券の購入だけだったが、現在は定期券や特急券も券売機で購入できる。交通系ICカードのチャージ、インターネット予約の受け取りなどもできるので、ほとんどが自動券売機で事足りる。

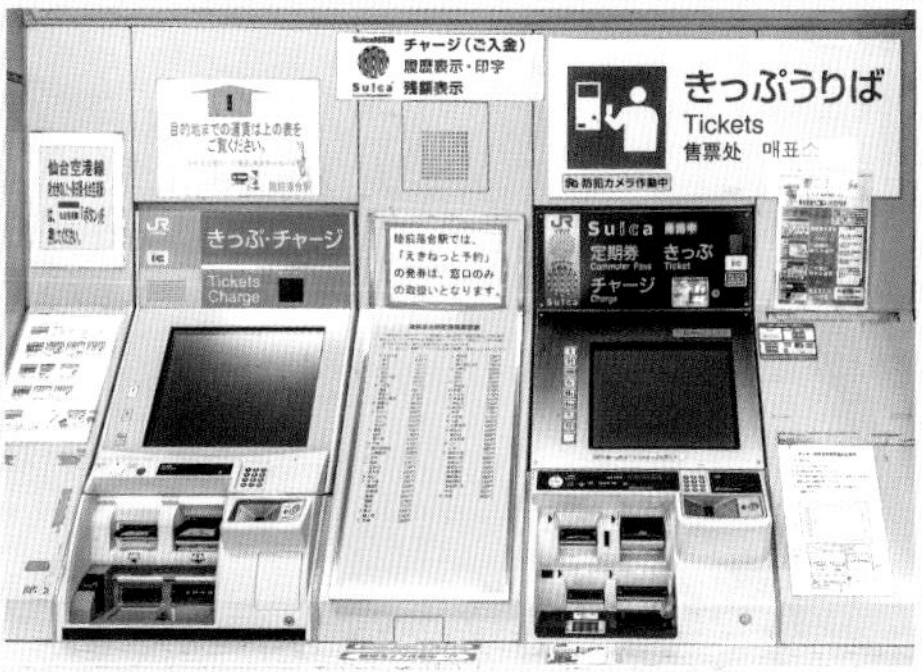

みどりの窓口

主要駅にあるJRグループのチケット販売所。乗車券や指定券、おトクなきっぷの販売を行っており、乗車駅や降車駅、乗車日、乗りたい列車、出発・到着時刻などを伝えると、それに合った列車の空席状況を教えてくれる。交通系ICカードの払い戻し、きっぷの変更なども行う。

インターネット

JR東日本の「えきねっと」、JR東海の「エクスプレス予約」など、便利なインターネット予約サービスできっぷの予約・購入ができる。きっぷの購入は1カ月前空が基本だが、インターネット予約なら1カ月以上前から申し込みができるサービスがある。

旅行会社の窓口

旅行会社では宿泊とセットのパッケージツアーを扱っており、まとめて手配してもらうこともできる。旅行会社が企画したツアーでしか予約できない列車も扱っている。一部の旅行会社ではJRの乗車券・指定券も購入可能で、全国どの区間でも購入できる。ただし、旅行会社の店舗は減少傾向にある。

金券ショップ

新幹線などのきっぷが割安価格で売られているので、節約志向の人におすすめ。ただし、自分が乗車したい区間のきっぷが必ずあるわけではなく、なかには使用期限が迫っているものもあるので要注意だ。

液晶ディスプレイを設置した駅もあるので、列車の遅延や運転見合わせなどを確認するのも便利だ。

きっぷの効力を確かめる「改札」

駅では、その駅からの乗車券のみ発売される。しかし、指定券と一緒に購入する場合は、他の駅からでも乗車券が購入できる。

購入したきっぷには、乗車の際に使用を開始したという証明を入れなければならない。何も証明を受けずに乗り降りができたら、きっぷを買う必要がなくなってしまうからだ。それでは運賃収入が得られないので、きっぷ(札)を改める「改札」が行われる。

きっぷの効力を確かめ、使用済みに改める改札は、都会の駅では自動改札機で行われることが多い。自動改札がない駅や、改札に投入できない軟券を使う場合は、購入済みのきっぷに使用開始した駅名や日付が入ったスタンプを押す「入鋏」を行う。

Chapter 2
買い方2
無人駅できっぷを買う

さまざまな無人駅

日本の半数近くの鉄道駅は無人駅だが、なかには観光客が多く訪れる駅もある。周辺に集落などがない「秘境駅」も人気を集めている。

下灘駅（JR予讃線）

ホームから伊予灘を眺めることができ、撮影スポットとして人気が高い。以前は簡易委託駅だったが、出札業務を受託していた駅前のたばこ店が休業したため、現在は無人駅になっている。観光シーズンは混雑しやすい。

土合《どあい》駅（JR上越線）

上り線は地上にあるが、下り線（新潟方面行）は地下にあり、上下のホームには81mの高低差がある。下りホームから駅舎まで462段、連絡通路に設けられた計24段の階段を昇降し、改札までは歩いておよそ10分かかる。

小幌《こぼろ》駅（JR室蘭本線）

2つのトンネルに挟まれた空隙区間にある駅。四方のうち三方が急な傾斜地で、残る一方が海に接しており、外界に通じる道が存在しない。「秘境駅ランキング」でも1位に選ばれており、普通列車も通過する場合がある。

国道駅（JR鶴見線）

鶴見線は神奈川県横浜市と川崎市を走る路線だが、自動券売機が置かれていない駅がある。国道駅は1930年の開業以来、大きな改装がされることがなく今に至っている。建物の外壁には、第二次世界大戦時の機銃掃射の銃撃痕がある。

「無人駅」の数は年々増加している

近年、駅員がいない「無人駅」は増加傾向にある。国土交通省によると、２０２０年３月時点での無人駅は４５６４駅。これは全国の駅の48％を占める。なかには、東武大師線大師前駅のようなに都心の無人駅がある。有人駅でも、駅員が日中しかいない「時間帯無人駅」が増えている。

無人駅にも自動券売機だけ設置した駅はあり、そうした駅では有人駅同様、乗車券を購入して列車に乗車する。しかし、近年は維持管理コストの問題もあり、撤去される券売機が増えている。代わりに設置されているのが簡易型ＩＣ乗車券改札機で、読み取り部にＩＣカード乗車券をタッチして、入出場の処理を済ませる。

また、列車内または駅で発行される「乗車駅証明書」を受け取り、列車内または降車駅で精算するという方法もある。乗車駅証明書は乗車した

無人駅にある設備

無人駅では駅員による出札・改札・集札が行われないが、券売機や乗車券証明書発行機など、必要最低限の設備を備えている。

乗車駅証明書発行機

乗車券証明書を発行する機械。駅の改札口付近に設置されており、運賃精算のために必要となる。オレンジ色の小箱で小さなボタンがあるものが一般的だが、一部の無人駅には新型の発行機が設置されている。こちらは磁気券で発行されるので、自動精算機で運賃精算ができる。

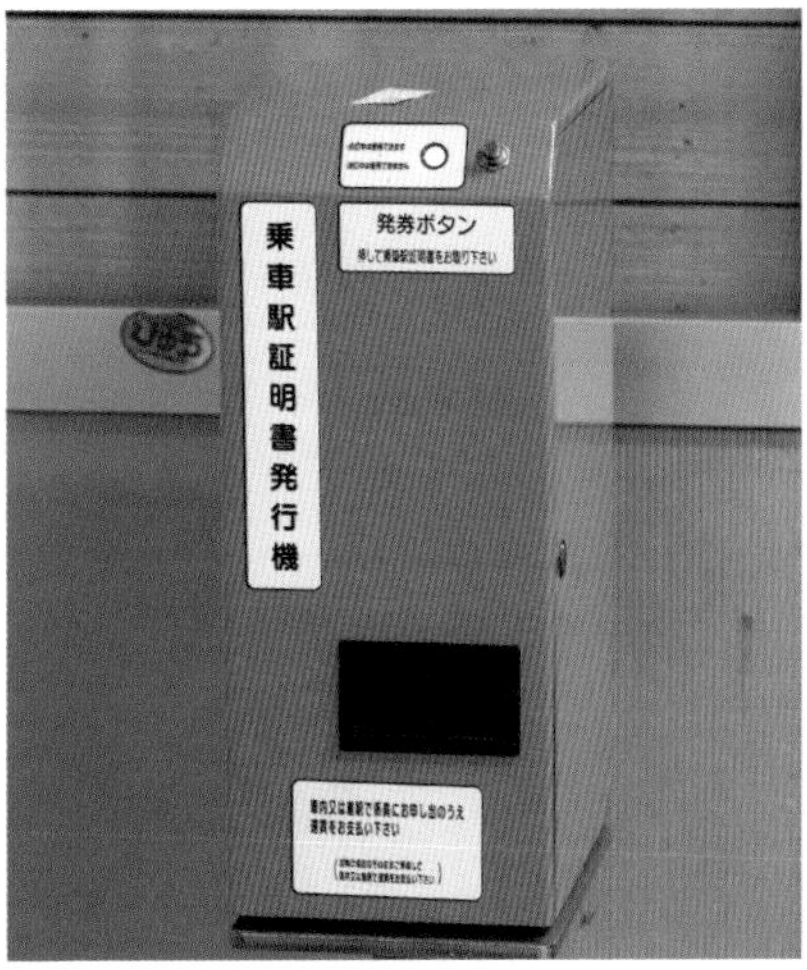

従来型の乗車駅証明書発行機。

簡易型IC乗車券改札機

ICカード乗車券が使用できる路線の無人駅に設置されている簡易改札機。入場用と出場用の2種類がある。カードはかざすのではなく、タッチが必要で、「ピッ」または「ピピッ」という音が鳴ったら読み取り完了となる。

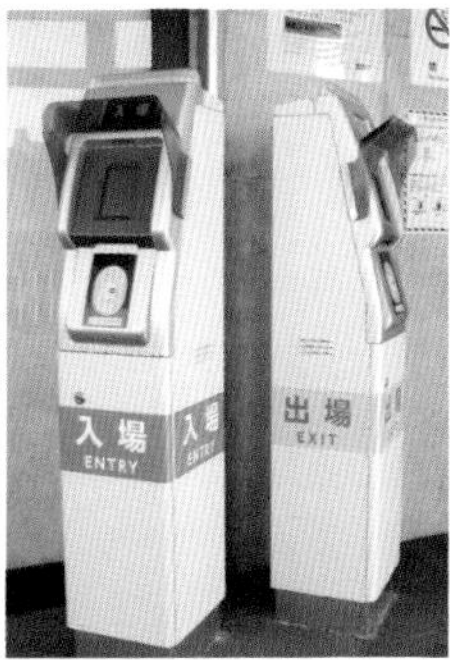

左は入場用、右は出場用の簡易改札機。

きっぷ回収箱

自動改札機がない無人駅での集札（乗車券や運賃・整理券の回収）は、下車の際に運転士または車掌が列車内で行うか、駅に設置された回収箱にきっぷを投入するかたちで行う。

高度化が進む「乗車駅証明書」

運賃精算の証明となる乗車駅証明書には、駅名や発行日、時間などが印字されている。JR北海道では、無人駅であるトマム駅の乗車駅証明書をQRコード化し、有人駅に設置された精算機で運賃・料金が精算できるサービスを開始している。

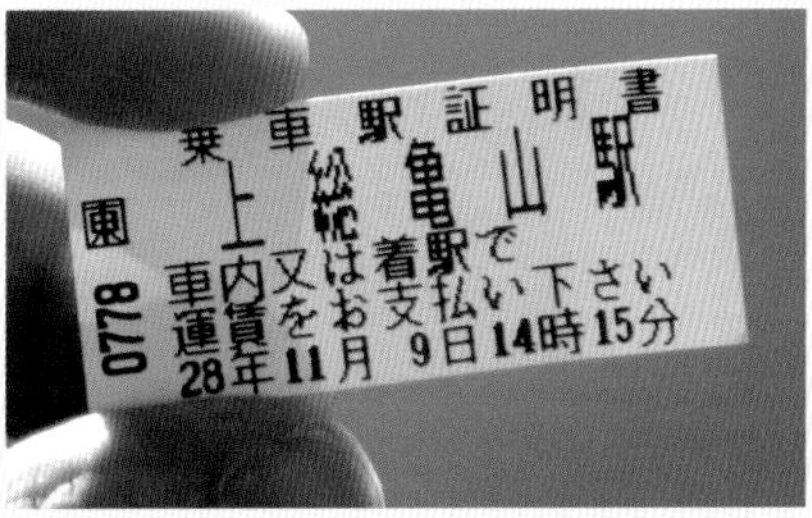

久留里線上総亀山駅で発行された乗車駅証明書。

地点を確認するために発行される券のことで、一般的には「整理券」と呼ばれることが多い。

無人駅でのきっぷの取り扱いはさまざま

係員がいない無人駅には、乗車駅証明書の発行機が置かれている駅もある。ここで乗車駅証明書を入手し、列車内か降車駅で運賃を支払う必要がある。駅に券売機や乗車駅証明書発行機が置かれていない場合は、列車のドア付近にある発行機から乗車駅証明書を取る。乗車駅証明書を持っていないと、その運行区間の最高額を払わなければならない可能性もあるので気をつけたい。

また、車内で車掌に乗車駅と降車駅を申告し、運賃を支払うパターンもある。無人駅で乗車したり、無人駅で降りるときの対応は、地域や鉄道会社によってそれぞれ異なる。不明点があれば、駅や車内の案内などを確認したり、車掌や運転士に聞いておくとよい。

Chapter
2
買い方3
みどりの窓口で買う

「みどりの窓口」は「始発から最終列車まで」というわけではないので、自分がよく使う駅の営業時間はあらかじめ把握しておきたい。

1965年ごろ、開設当時の東京駅のみどりの窓口。（写真：日本国有鉄道百年写真史）

1962年ごろの東京駅内乗車券センター。各駅からの照会を回転台に収められた台帳によって処理していた。（写真：日本国有鉄道百年写真史）

「みどりの窓口」の取扱業務

・鉄道の乗車券類の発売・変更・払い戻し
・レンタカー券の発売・変更・払い戻し
・旅館・ホテル券の発売・変更・払い戻し（※）
・JRバス乗車券（一部路線のみ）・一部他社高速バス乗車券などのバス乗車券の発売・変更
・旅行プラン商品の販売（※）

※旅行プラン商品などの発売は、旅行業務取扱管理者資格を持った社員が在籍していないと発売できない。

きっぷ販売の基本は現在も駅の窓口

鉄道業界では交通系ＩＣカードの普及やチケットレス化が進んでいるが、きっぷ販売の基本が窓口であることには変わりがない。ＪＲの鉄道線乗車券類（乗車券・特急券・指定券など）を発券する発売所を「みどりの窓口」といい、各種割引きっぷや定期券、イベント券などの発売も行っている。駅に「みどりの窓口」が置かれているかどうかは、時刻表の索引地図などで調べることができる。

乗りたい列車の乗車駅や降車駅、出発時間などの条件を伝えると、係員がそれに合った列車の空席状況を調べてくれる。遠い場所に行くときに重宝するが、盆や年末年始の繁忙期は混雑するので要注意だ。

１９６０年代までは、優等列車の指定券や寝台券は列車ごとの台帳で管理されていた。しかし、指定券の取り扱いが増えたため、指定席予約・発

閉鎖が相次ぐ「みどりの窓口」

さまざまな種類のきっぷを発売する「みどりの窓口」だが、チケットレスサービスの推進、人的資源のコスト削減などの観点から削減が進んでいる。

JR東日本

近距離きっぷ以外における「みどりの窓口」以外で購入したきっぷの割合

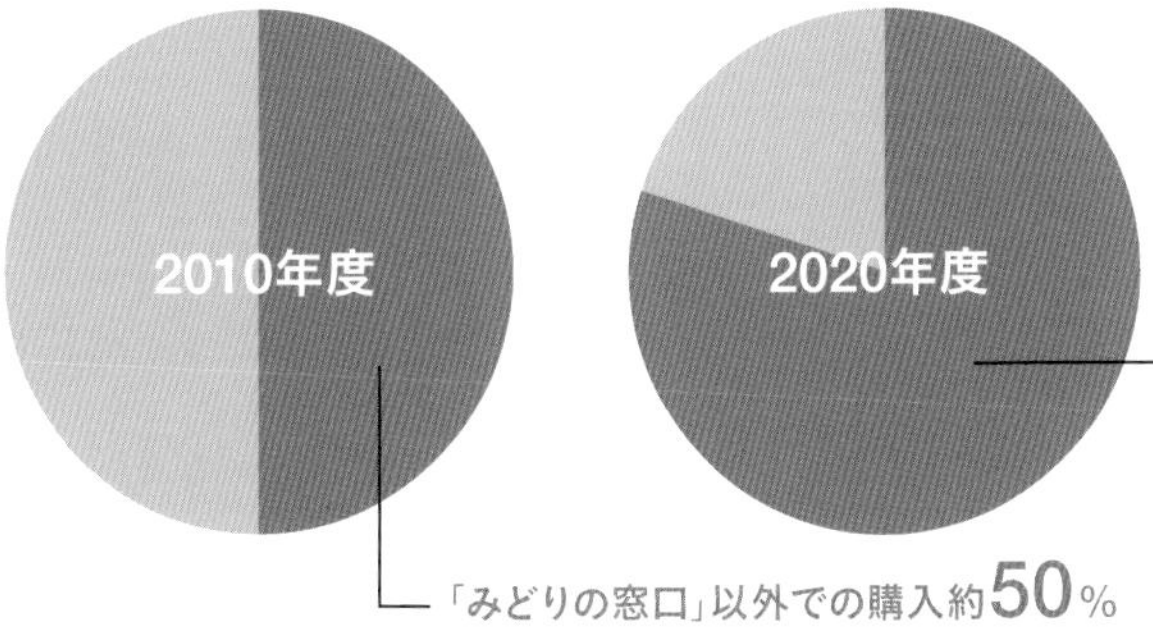

JR東日本は2021年、2025年までに駅の「みどりの窓口」を約7割削減することを発表した。有人窓口に拠らない販売体制を着々と整えていたが、混雑が問題になり、現在は削減方針を凍結している。すでに小規模駅では「みどりの窓口」の統廃合が進んでいたが、現在は首都圏エリアの駅でも閉鎖が進んでいる。窓口での対面販売を終了する代わりに、ビデオ通話機能でオペレーターが購入をサポートする「話せる指定席券売機」を導入している。

「みどりの窓口」設置駅

JR東日本

	2021年	2024年4月
首都圏	231駅	209駅
地方圏	209駅	

※一部の駅では、定期券の購入が多い時期などに、臨時で営業窓口を設置する場合がある

JR西日本　()内は京阪神エリアの駅の数

	2020年度初	2030年度末（予定）
みどりの窓口	約340駅(約160駅)	約100駅（約30駅）
みどりの券売機プラス	約100駅(約70駅)	約200駅（約100駅）
高機能型券売機（※）	約150駅（約110駅）	有人駅を中心に約400駅（約270駅）

※…ICカードの購入やクレジットカードを利用した定期券の購入が可能な券売機

JR東海は「JR全線きっぷうりば」

JR東海では、「みどりの窓口」ではなく「JR全線きっぷうりば」の名称を用いている。名称は異なるが、取り扱うきっぷの内容は同じである。元々は他社と同じ「みどりの窓口」だったが、「どの駅の窓口でも指定席の発売が可能なため」という理由で、現在の表記に変更したといわれる。

東京駅のJR東海「JR全線きっぷうりば」。

券システムの「マルス」が導入された。この端末が置かれた対面式の窓口が「みどりの窓口」で、1965年に全国の主要152駅と日本交通公社(現・JTB)の83カ所の営業所に開設された。近年、「みどりの窓口」は減少しているが、それにより、窓口に行列ができてしまっている。

「みどりの窓口」の名前の由来

「みどりの窓口」と呼ばれたのは、マルス端末によって発券されたきっぷが緑色だったからだ。当時、事前に印刷されたきっぷの色は赤や青だったので、それと区別するために緑色のきっぷが印刷されたといわれる。

「みどりの窓口」では原則、指定券なら全国どの区間、どの列車でも購入できる。例えば、東京駅で九州新幹線「さくら」の特急券を申し込むことも可能だ。乗車券はその駅発着のものしか購入できないが、指定券と同時なら全国どの区間でも買うことができる。

Chapter 2 買い方4

自動券売機で買う

自動券売機の構造

券売機は利用者が操作するタッチパネル画面と、紙幣・硬貨の投入口、カードの挿入・取出口などで構成される。

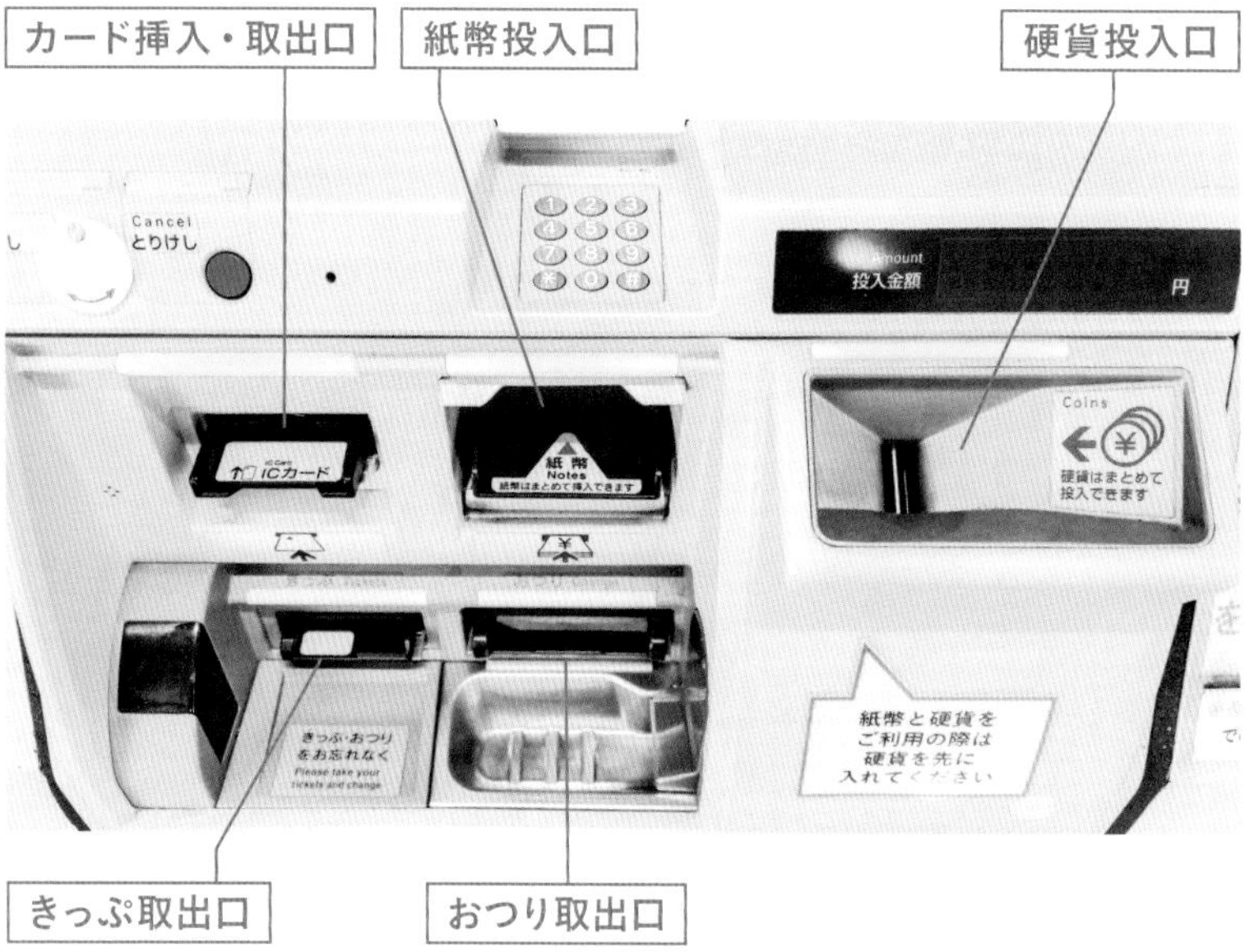

自動券売機での購入の基本的な流れ

自動券売機は鉄道会社によって機能が異なるが、お金を入れて希望の券を選択し、出てきたきっぷを取り出すという流れはほぼ同じである。

1.現金を投入する・交通系ICカードを挿入する → **2.目的地までの運賃額を押す** → **3.出てきたきっぷを取り出す**

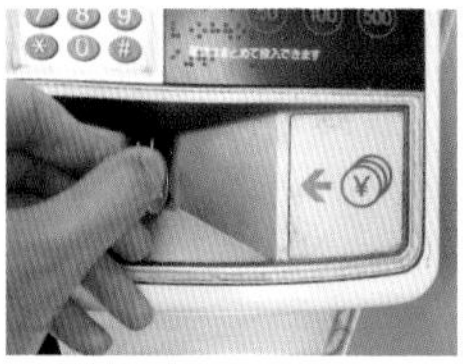
硬貨か紙幣の投入口に現金を投入する、またはカード挿入口に交通系ICカードを挿入する。

運賃表で目的の駅までの運賃を確認し、調べた運賃と同じ数字を押す。①と②が逆の券売機もある。

乗車券取出口から出てきたきっぷを忘れずに受け取る。おつりや挿入した交通系ICカードも忘れずに。

さまざまな機能を備えた超万能型

１９７０年代以降、大都市圏を中心に普及が進んできた自動券売機。当初は硬貨専用の機種がほとんどで、購入できるきっぷも乗車券に限られていた。しかし、紙幣対応の券売機が登場したことで、特急券や急行券なども買えるようになった。

自動券売機の構造は鉄道会社によってさまざまだが、ＪＲの場合は近くの駅までの乗車券が購入できるシンプルなタイプと、特急券や定期券なども購入可能な多機能型がある。

ＪＲでは経費削減などの目的から「みどりの窓口」を次々と閉鎖させているが、代わりに多機能型の「指定席券売機」が増えている。ＪＲ西日本は「みどりの券売機」の名称で設置しているが、基本的な機能は同じである。

指定席券売機はＪＲの座席指定券予約発券システム「マルス」に接続し、利用者の直

JRの指定席券売機の機能

指定席券売機ではきっぷの購入、インターネットで予約したきっぷの受け取りのほか、乗換案内からの購入もできる。

指定席・自由席の購入

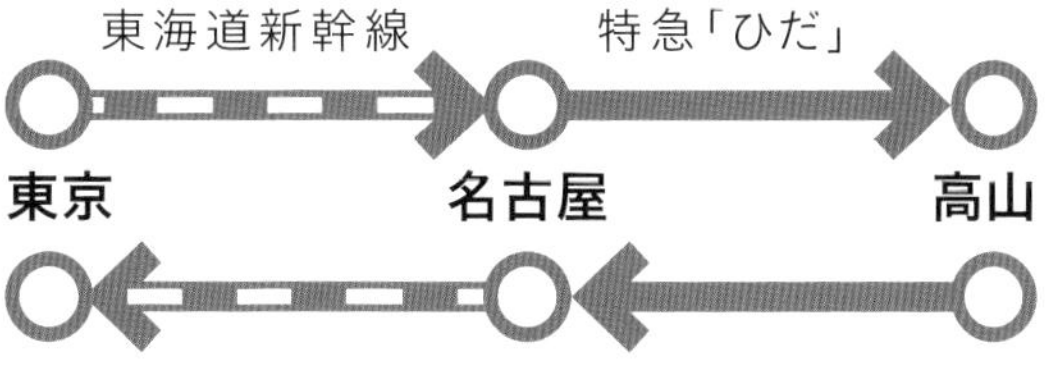

新幹線や特急列車の指定席・自由席特急券が購入でき、同時に乗車券の購入も可能。また、同じ乗車日・区間・金額において列車の変更もできる(変更不可のきっぷもある)。

インターネット予約の受け取り

「えきねっと」、「e5489サービス」などのインターネット予約サービスで申し込んだきっぷの受け取りができる。

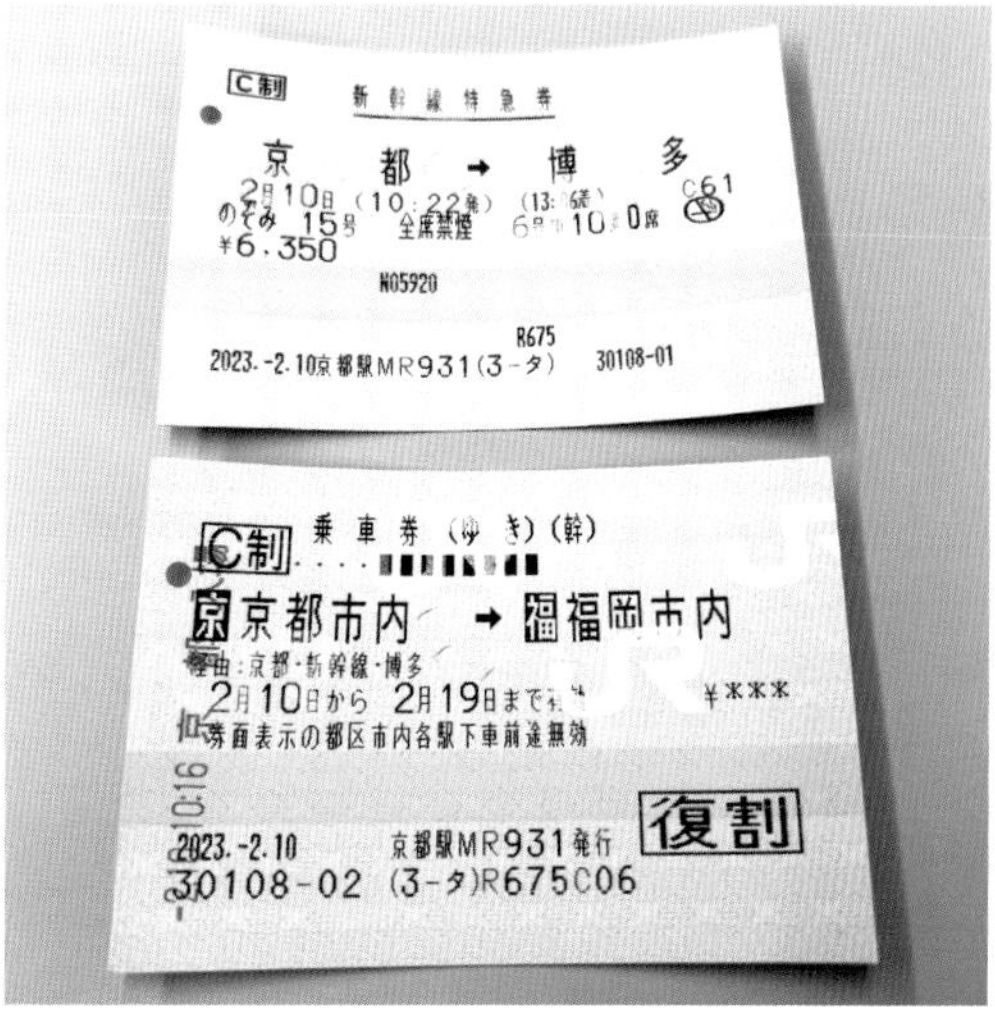

新幹線の指定席・自由席特急券と、新幹線停車駅から乗り継ぐ特急列車の指定券・自由席特急券も同時に購入できる。在来線特急→新幹線の同時購入も可能。

定期券の購入

ICカード定期券・磁気定期券の新規・継続購入、磁気定期券からICカード定期券への発行替えが可能。

乗換案内から購入

目的地までの列車を発着時刻で検索し、最適な列車やルートを導き出したうえで、指定席券・自由席券・乗車券を購入する。

おトクなきっぷの購入

指定席タイプのおトクなきっぷは、同時に指定席の予約が可能。

「大人の休日倶楽部」割引きっぷ

「大人の休日倶楽部」会員向けの割引きっぷ購入が可能。購入に際しては、「大人の休日倶楽部ジパングカード」または「大人の休日倶楽部ミドルカード」が必要。

その他(乗車券の購入、株主優待、買い間違いの払い戻し)

テレビ電話機能を備えた「みどりの券売機プラス」

JR西日本に設置された券売機で、全国のJR線乗車券や指定券を発売している。ここまでは「みどりの券売機」と同じだが、「プラス」ではテレビ電話機能や割引証などを写すカメラ機能を搭載。今まで有人窓口でしか対応できなかったきっぷも取り扱うことができる。

接操作で指定券などの乗車券類が発券できる。乗車券や特急券のほか、特別企画乗車券(トクトクきっぷ)、定期券、「大人の休日倶楽部」など会員割引となるきっぷ、株主優待割引を適用したきっぷも買うことができる。

指定席発券機を有効活用する

指定席発券機では、インターネットで予約したきっぷの受け取りも可能だ。また、片道乗車券・指定席券・自由席券を買い間違えた場合は、購入直後であれば手数料なしで払い戻せる(払い戻しは購入した駅に限る。一部払い戻しできないきっぷもある)。

繁忙期の「みどりの窓口」は混雑しがちだが、指定券券売機は比較的スピーディにきっぷを買うことができる。JR東日本のホームページで、指定席券売機のきっぷ購入操作が体験できる。指定席券売機を扱うのに不安がある人は、まずはこちらでシミュレーションしてみよう。

指定券は乗車日の1カ月前から発売開始

乗車日の1カ月前の午前10時から、駅や旅行会社の窓口、インターネット予約などで一斉に発売される。

(例)乗車日が1月15日の券を購入する場合

20XX年　12月

日	月	火	水	木	金	土
				1	2	3
4	5	6	7	8	9	10
11	12	13	14	15	16	17
18	19	20	21	22	23	24
25	26	27	28	29	30	31

「えきねっと」などの事前受付期間

発売開始 10：00

↓

発売開始日は12月15日の午前10時

20XX年　1月

日	月	火	水	木	金	土
1	2	3	4	5	6	7
8	9	10	11	12	13	14
15	16	17	18	19	20	21
22	23	24	25	26	27	
29	30	31				

乗車日

前月と同じ日がない場合

乗車する列車の出発日		指定券の発売開始日
3/29・30・31(※)	→	3/1
5/31	→	5/1
7/31	→	7/1
10/31	→	10/1
12/31	→	12/1

※うるう年の場合、3月29日乗車分の発売開始日は2月29日

予約しておくとよい列車の指定席

- 寝台特急「サンライズ瀬戸・出雲」
- 臨時の寝台特急
- 特別、観光列車
- 大型連休・年末年始の新幹線・在来線特急

ピーク期の新幹線「のぞみ」が全席指定席に

2023年度の年末年始(2023年12月28日～2024年1月4日)から、3大ピーク期(ゴールデンウィーク・お盆・年末年始)の東海道・山陽新幹線を走る「のぞみ」が全席指定席になった。通常は1～3号車に自由席を設定しているが、混雑緩和や着席機会の保証などの観点から撤廃された。「のぞみ」以外の列車は、通常どおり自由席を設定している。

Chapter 2 買い方5

指定券を予約する

発売開始日は乗車日の1カ月前

列車の指定券は、乗車日の1カ月前の午前10時00分00秒から一斉に発売が開始される。この場合の「1カ月前」は、前の月と同じ日という意味である。

例えば、12月29日に乗車する特急券を確実に手に入れたいなら、11月29日の午前10時に駅の「みどりの窓口」に行けばよい。指定席券売機でも買うことができるが、JR東日本の場合、「1カ月前の発売開始」は午前10時10分からとなるので要注意だ。

ただし、寝台特急「サンライズ瀬戸・出雲」のシングルデラックス(最上級の1人用個室)のような需要が大きくて数が少ない列車だと、10時ちょうどでもダメなことがある。その場合でも、発券されてから払い戻しされることがあるので、根気強く粘ってみよう。

仕事や学校があって10時に駅に行けない人は、インター

インターネットなら1カ月以上前から事前申し込みが可能

きっぷ購入は乗車日の1カ月前からが基本だが、インターネット予約なら、それより早く事前申し込みができる。

JR東日本の「えきねっと」の場合、指定席の発売開始日のさらに1週間前の14時から事前の申し込みができる。このサービスを使えば、発売開始日に駅の窓口に並ぶことなく指定席を申し込める。ただし、実際に指定券の手配を行うのは窓口と同じ乗車日1カ月前の午前10時で、確実に指定券が入手できるわけではない。

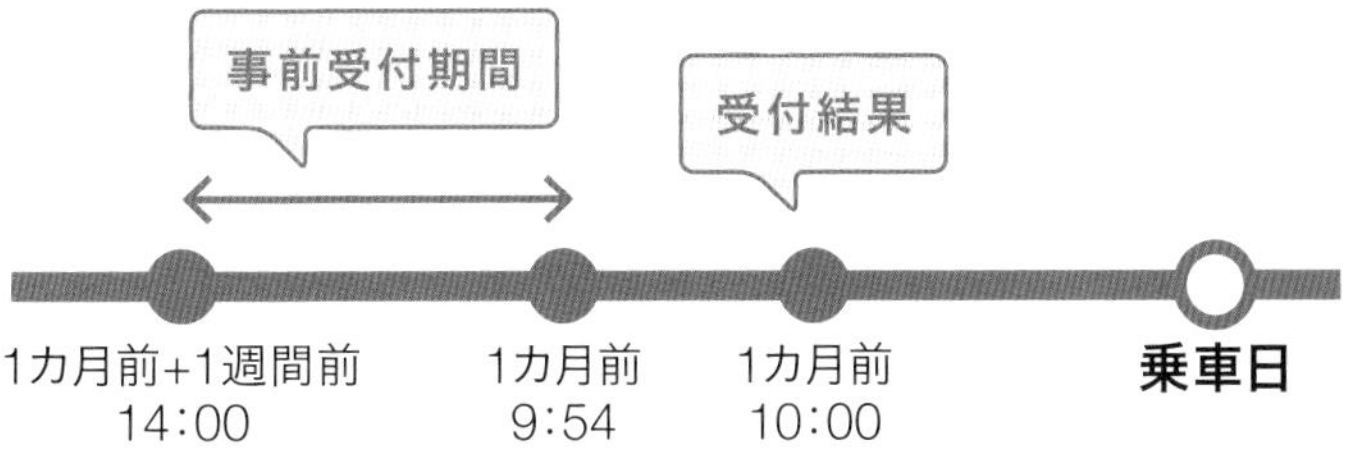

事前申し込みに関する注意事項

- 人数・乗車日・区間が同一の場合に限り、1件につき最大第3希望まで申し込める
- 成立した予約より希望順位の低い申し込みは、自動的に取り消しとなる
- 座席表(シートマップ)による座席の選択はできない
- システムメンテナンスなどで申し込み期間や時間が変更になる場合がある

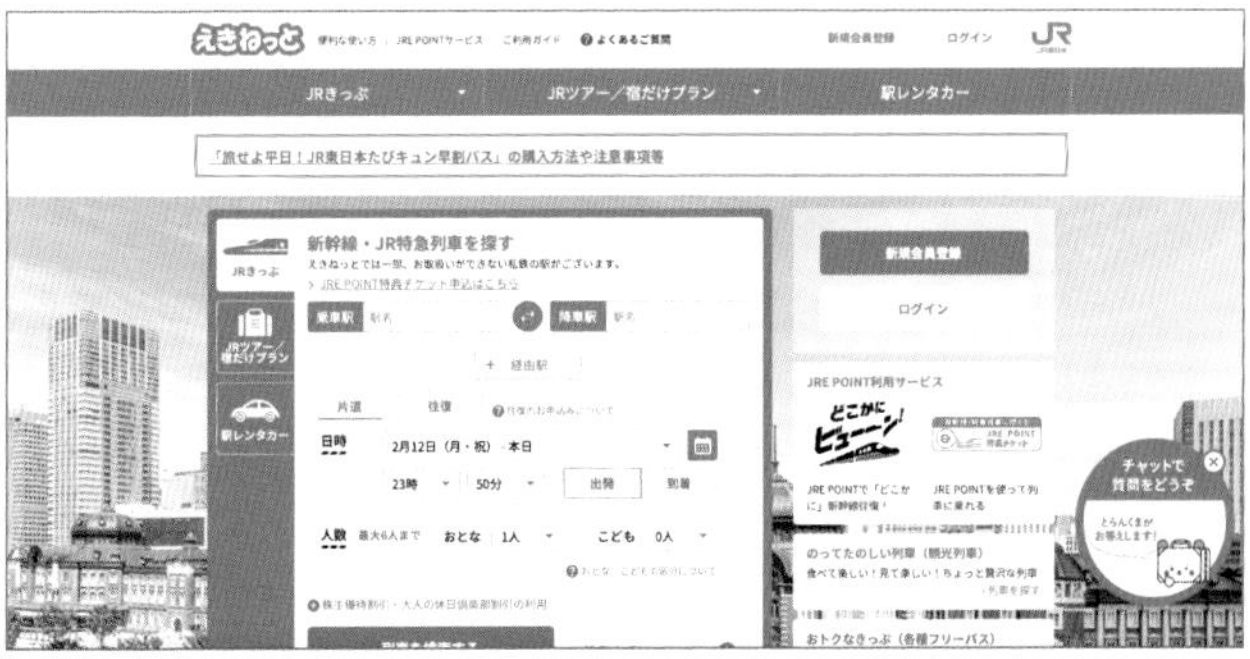

「えきねっと」の場合、申し込み内容にJR東海・JR四国・JR九州の区間が含まれていると事前申し込みの対象外となる。

新幹線の「1年先予約」が可能に

東海道・山陽・九州新幹線のネット予約&チケットレス乗車サービス「EX予約サービス」では、「EX予約」及び「スマートEX」において、最大で1年先の新幹線が予約できるサービスを展開している。ただし、予約できる座席数には限りがあり、予約完了後に払い戻しをする場合は払戻手数料を払う必要がある。

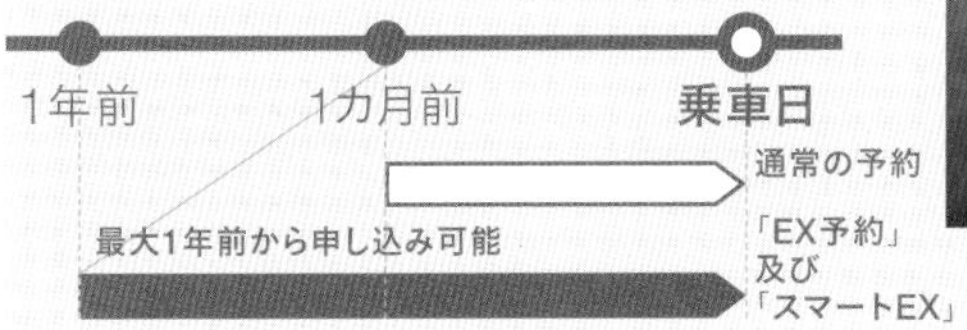

「EX予約」のインターネット予約では、乗車区間に応じて買い物に使えるポイントを付与している。

ネット予約の事前受付を利用するのも手である。多くのインターネット予約サイトでは、1カ月以上前から事前申し込みができる。

例えば、JR東日本が運営する「えきねっと」は、指定席の発売開始日(乗車日の1カ月前)よりもさらに1週間前の14時から、乗車日1カ月前の9時54分まで事前申し込みが可能だ。

インターネット申し込みの注意点

ただし、これはあくまで「事前の申し込み」であって、受付を済ませることで購入が完了するわけではない。実際にコンピュータにアクセスして指定券の手配を行うのは、乗車日1カ月前の午前10時00分00秒である。

そのため、事前に申し込んだからといって、必ず席が確保できるというわけではない。とはいえ、発売開始日の午前10時に駅にいなくてもよいのは、大きなメリットといえるだろう。

Chapter 2
買い方6

チケットレスを活用する

JRのインターネット予約サイト

基本的なしくみは各社ほぼ同じで、まずは会員登録してから利用する。登録の際には、メールアドレスやクレジットカード番号などの情報を入力する。新幹線や特急列車などのきっぷが、インターネットから予約・申し込み・決済できる。予約・購入できる列車は、各社少しずつ違いがあるので要注意だ。

えきねっと（JR東日本）

スマートEX（JR東海）

e5489（JR西日本）

JR九州インターネット列車予約

きっぷの受け取り・使用に必要なもの

クレジットカードで予約・決済したきっぷを受け取る際は、申し込みの際に使用したクレジットカードが必要になる。カードの名義人以外の人がきっぷを受け取ることはできないので要注意だ。また、チケットレスサービスではスマホを忘れたり、紛失や電池切れなどできっぷの予約内容が確認できないと、駅や車内で特急券や座席指定券をあらためて購入しなければならない。端末が使用できなくなったときに備えて、予約内容はプリントアウトしておこう。

ヨーロッパでは チケットレスが常識

きっぷの世界で増えているのが、きっぷを発券しない「チケットレスサービス」だ。予約内容をスマートフォンなどに提示することで、駅の窓口や券売機できっぷに引き換える手間を省いて乗車することができる。

ヨーロッパの鉄道では、チケットレスがほぼ常識になっている。乗車券をアプリで購入し、車内改札はスマホの画面に乗車券を表示させて提示する。駅には基本的に改札がなく、駅員がいない駅も少なくない。

一方で、有効なきっぷを持たないまま乗車しているのがバレたら、高額の罰金が課される。100円で乗れる区間でも、5000円から1万円の罰金を徴収される場合もある。海外旅行の際は要注意だ。

人員整理やコスト削減のため、日本の鉄道事業者もチケットレス化を進めている。JRでも「みどりの窓口」の削減

JRのチケットレスサービス

JRでは、交通系ICカードやQRコードなどを活用したさまざまなチケットレスサービスを導入している。きっぷのデジタル化は、今後ますます進んでいくとみられる。

新幹線eチケットサービス

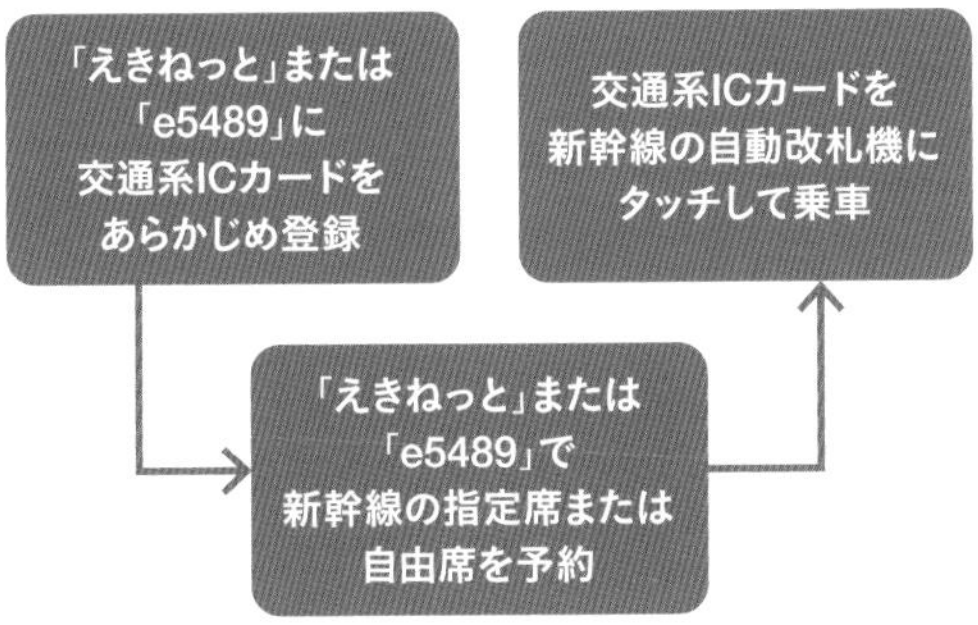

東北・北海道、上越、北陸、山形、秋田の各新幹線が交通系ICカードで乗車できるサービス。指定席は紙のきっぷに比べて200円引き。

えきねっとチケットレスサービス

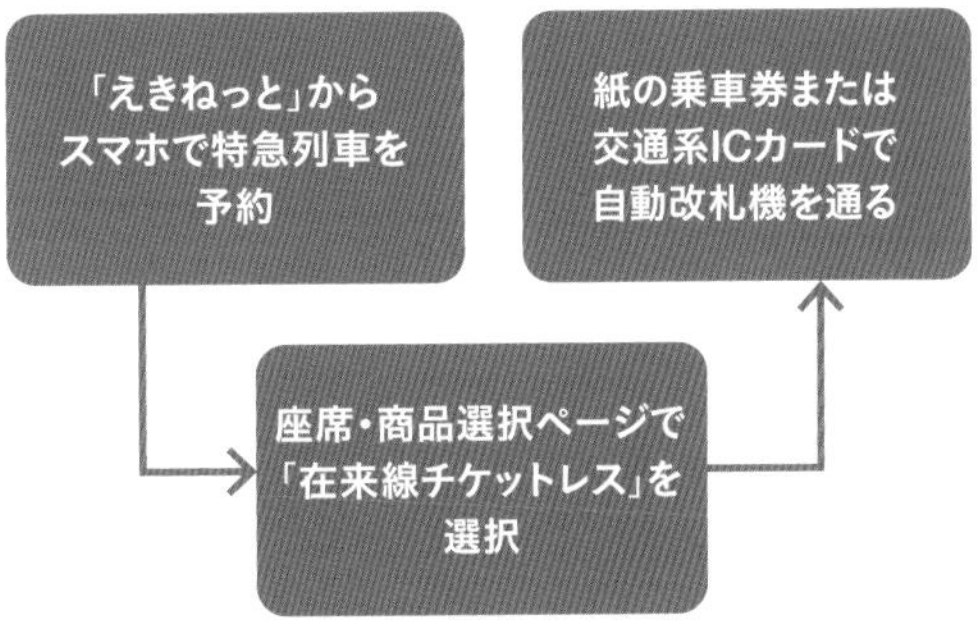

首都圏の特急列車が100～200円おトクになるサービス。予約完了後に届く「購入完了メール」が特急券の代わりになり、乗車当日は乗車券（紙のきっぷまたは交通系ICカード）のみで改札を通過できる。

在来線チケットレスサービス（e5489）

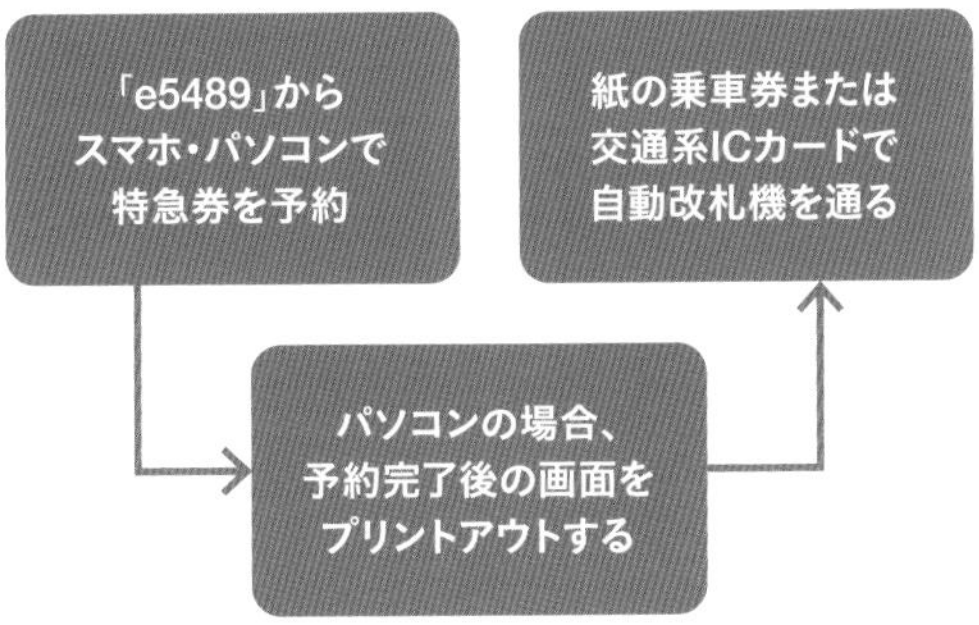

関西エリアの特急券が対象の「J-WESTチケットレス」、ICカード利用可能エリアの特急券が対象の「eチケットレス特急券」「チケットレス特急券」がある。対象はすべて特急券で、乗車券は別途購入が必要。

スマートEX

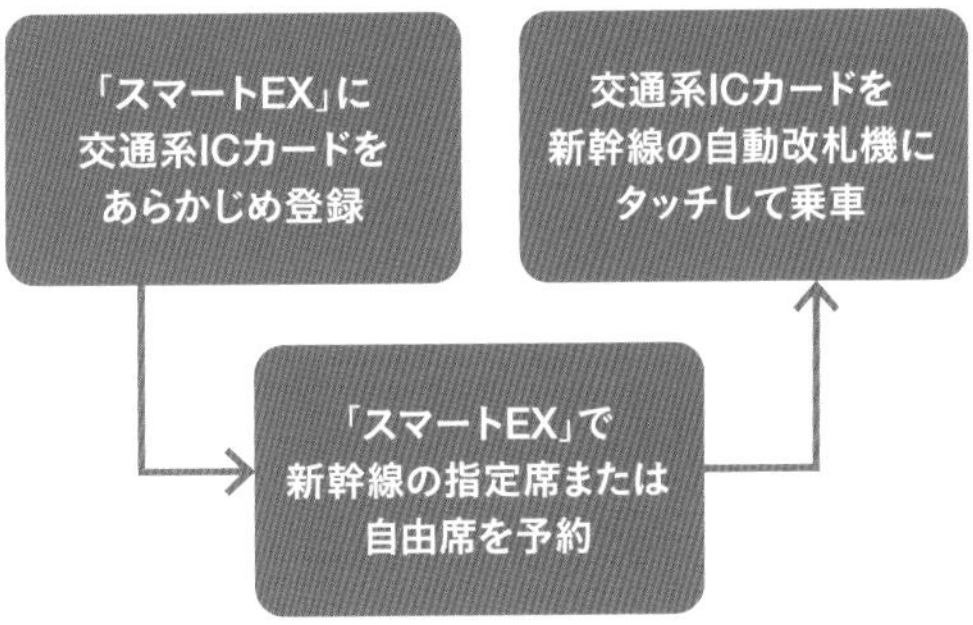

東海道・山陽新幹線などが交通系ICカードで乗車できるチケットレスサービス。利用の際には、交通系ICカードの裏面に記載されている番号を登録する必要がある。

が進む一方で、インターネットでの予約は増加の一途をたどっている。

JRのネット予約サイトを活用

JRのネット予約サイトとしては、JR東日本の「えきねっと」、JR東海とJR西日本が運営する「スマートEX」、JR西日本の「e5489」、JR九州の「JR九州インターネット列車予約」などがある。パソコンやスマートフォンなどから予約が可能で、「みどりの窓口」や指定席券売機で紙のきっぷを受け取ることも可能だ。

一方で、予約サイトでは窓口や券売機での引き換えが不要なチケットレスサービスも選択できる。チケットレスやネット予約で発券したきっぷには、紙のきっぷにはない割引を柔軟に設定できるので、チケットレスを選択する人はますます増えていくとみられる。私鉄でも、インターネットでチケットレス特急券を買える会社が増えている。

Chapter 2 買い方7

交通系ICカードをチャージする

交通系ICカードのチャージ方法（JRの場合）

チャージ方法はいくつか種類があるので、自分のライフスタイルに合ったチャージの仕方を覚えておこう。

自動券売機でのチャージ

「全国相互利用サービス」のシンボルマークがついた自動券売機、多機能券売機、「のりこし精算機」でチャージができる。１回の操作でチャージできる金額の単位は500円・1000円・2000円・3000円・5000円・１万円の６種類で、入金額を選択して現金を投入する。

チャージ完了後、ICカードやお釣りの取り忘れに気をつけよう。

コンビニやATMでチャージ

チャージ対応店のレジで「チャージしたい」と申し出れば、その場で受け付けてもらえる。セブンイレブンにある「セブン銀行」のATMなら、非対面形式でチャージが可能。

1回のチャージできる限度額は1万円で、チャージの上限額は２万円。

クレジットカードでチャージ

「モバイルSuica」を利用すれば、登録したクレジットカードからチャージができる。ビューカード決済なら、改札機にタッチして入出場する際、あらかじめカードに設定していた条件に基づいて自動的にチャージ（オートチャージ）される。

チャージをすることで繰り返し使用できる

一昔前までは、列車に乗る前に紙のきっぷを買うのが当たり前のルールだった。しかし、交通系ＩＣカードが普及したことで、紙のきっぷを買わなくても列車に乗る人が増加した。

とはいえ、ＩＣカードにお金が入っていないと、改札口を通ることはできない。ＩＣカードを繰り返し利用するには、支払いのためのお金をチャージ（入金）しておく必要がある。

交通系ＩＣカードのチャージ方法は、いくつか種類がある。最もオーソドックスなのが自動券売機でのチャージで、駅によってはチャージ専用機や簡易チャージ機もある。券売機に手持ちのＩＣカードを挿入し、希望のチャージ金額を選んで現金を投入すれば完了となる。

近所に駅がなくても、全国ほとんどのコンビニエンスストア、セブン銀行のＡＴＭなど

改札機の種類

駅の改札機を「タッチ&ゴー」で通れる改札機には、自動改札機と簡易改札機がある。読み取り部にICカードを水平にタッチすることで、入出場の処理が行われる。

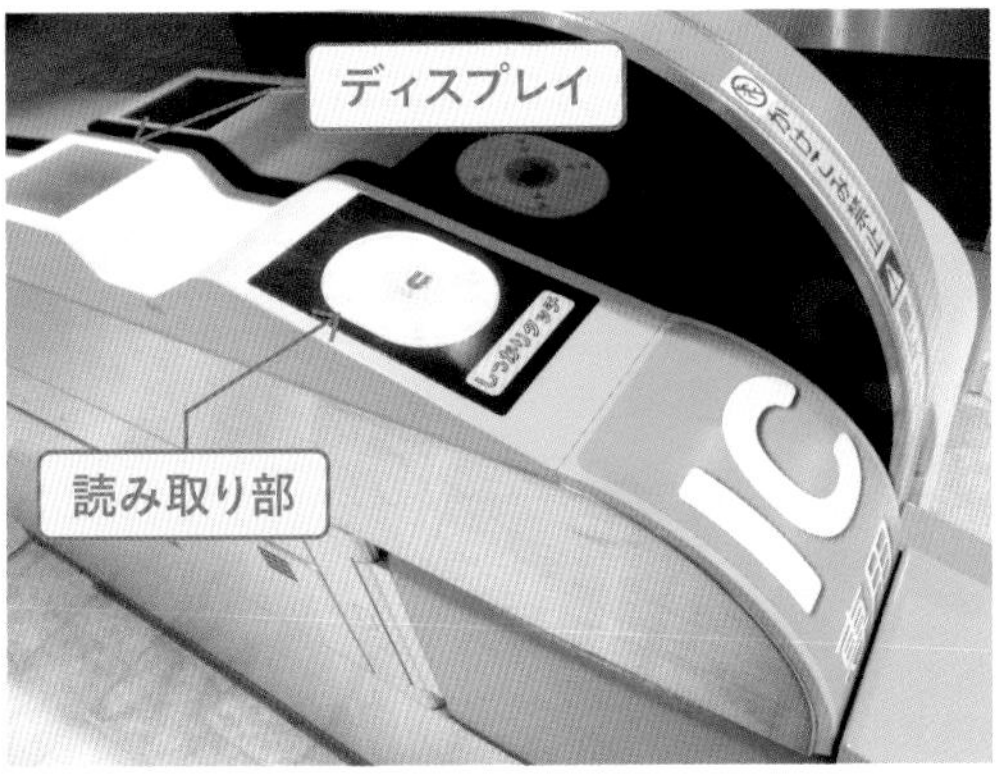

自動改札機

改札業務を自動化させるため、駅に設置されている改札機。交通系ICカードの普及に伴い、ICカードでの入出場に特化した「ICカード専用改札機」も導入されている。本体価格は1台700万～2000万円で、維持費もかかる。

簡易改札機

ICカード利用エリア内にある無人駅や、一部の有人駅などに置かれているICカード専用型の改札機。ICカードを読み取り部にタッチすることで列車に乗降できる。省スペースでの設置が可能で、導入費用も安い。

改札通過時の音声案内

改札を通過する際の応答音は、交通系ICカードの種類や残額によって違いがある。音声案内の機能を利用したい場合は、購入後に改札係員に申し出よう。

音声案内OFF(通常設定)の場合

定期券としての利用
- ピッ → 通行可
- ピー → 通行不可

入金残額による利用
- ピピッ → 通行可
- ピー → 通行不可

音声案内ONの場合

定期券としての利用
- ピッ → 通行可/有効期限12日超
- ピッピッ → 通行可/有効期限12日以内
- ピー → 通行不可/区間外・期間外

入金残額による利用
- ピピッ → 通行可/残額1000円超
- ピピピッ → 通行可/残額1000円以内
- ピー → 通行不可/残額不足など
- ピピピピピ → 上手く読み取れない場合

でチャージができる。スマホがきっぷ代わりになる「モバイルSuica」なら、登録したクレジットカードからチャージが可能で、ビューカードを持っていれば、改札入出場時にチャージされる「オートチャージ」の設定も可能だ。

改札通過時の音も違いがある

　チャージが完了したら、自動改札機や簡易改札機を通過して列車に乗車する。ICマークがついた読み取り部に、ICカードをしっかりとタッチする。そして、「ピッ」「ピピッ」と音が鳴れば通行可能となる。

　ディスプレイには入金残額が表示されるので、チェックしておこう。改札通過時の音は、「定期券による利用」と「入金残額による利用」によって違いがある。

　交通系ICカードは利用方法がシンプルだが、細かいルールも存在する。利用の際は、ホームページなどをチェックしておこう。

JR東日本のQRコードを活用したチケットレス乗車サービスのイメージ

JR東日本のサービス提供区間は、JR東日本エリアの新幹線・在来線全線（BRTによる運行区間を除く）。2024年度の下期に東北エリアで導入し、順次エリアを拡大する。

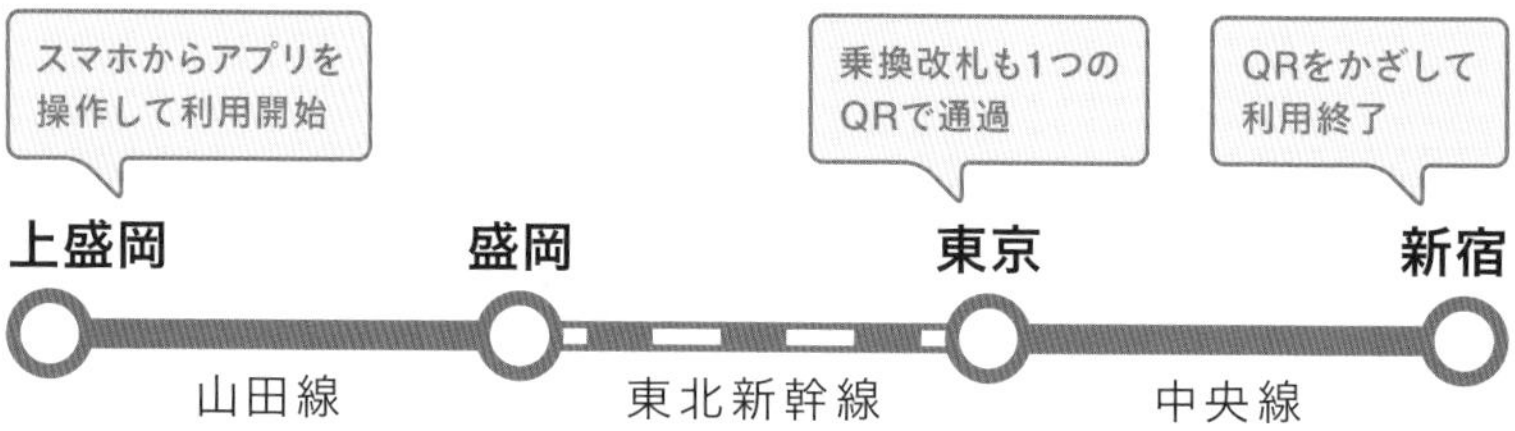

「えきねっと」で乗車券類を予約・購入するときに「QR乗車」を選択でき、購入後、アプリに表示されたQRコードを自動改札機にかざすことで乗車できる。自動改札機の未設置駅では、アプリ上から利用開始・終了の処理を行う必要がある。

※サービス提供区間は段階的に拡大する予定のため、記載の経路は最終的な利用イメージ

Chapter 2 買い方8

QRコードと顔認証

丹後地方を走る京都丹後鉄道。日本三景・天橋立へのアクセス路線である。QRコードのシステムは交通系ICカードシステムよりも導入コストが安く、未来のきっぷの主流になる可能性もある。

スマホがきっぷとして利用される時代に

現在、日本では企業や自治体により「MaaS」と呼ばれるシステムの構築が、盛んに試みられている。「Mobility as a Service」の頭文字で、複数の公共交通やそれ以外の移動サービスを最適に組み合わせ、検索・予約・検索などを一括で行うサービスである。このMaaSをうたって、鉄道やバスのフリーきっぷ、観光施設のチケットなどを購入し、画面提示で利用できるアプリが数多く登場している。

きっぷを購入するためにアプリをインストールするのは、もはや日常の光景になっている。スマホのバッテリーがなくなると提示できないなどのデメリットはあるが、それでも紙のきっぷにはない利便性がある。

スマホのアプリで乗車するときは、画面に表示されたＱＲコードを自動改札機にかざす。丹後地方を走るローカル線の京都丹後鉄道では、アプリを

大阪駅（うめきたエリア）の「顔認証改札機」

チケットレス&ゲートレスの顔認証改札機は、すれ違いでの入出場も可能なウォークスルー型。大阪駅—新大阪駅を含むICOCA定期券を持ち、モニター登録をした人のみ利用できる。

大阪駅（うめきたエリア）に設置されている顔認証改札機。左右2つのカメラとAI技術によって顔認証を行う。

顔認証改札の流れ

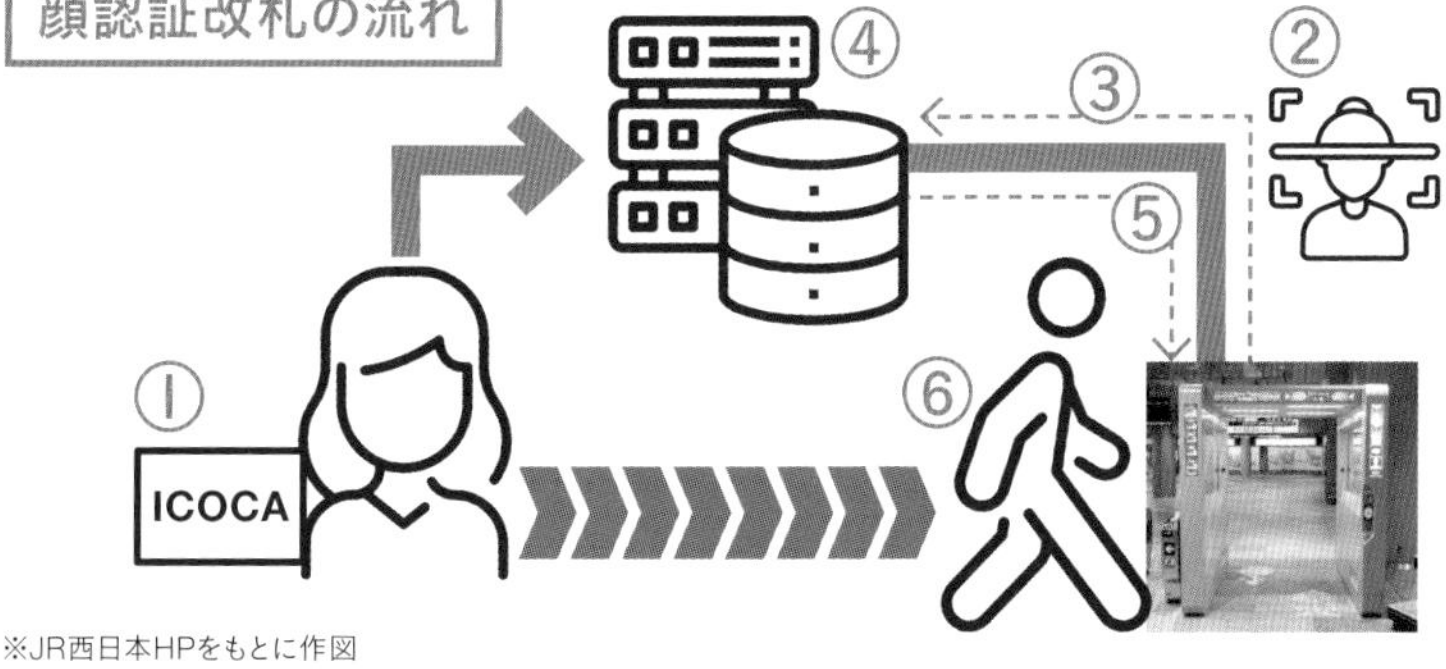

① 事前に顔画像とICOCA定期券の情報を登録
② 改札通過時に顔画像から特徴点データを抽出
③ 特徴点データを顔認証用サーバに送信
④ ①で事前登録しているモニターの特徴点データと照合
⑤ 照合結果を改札機に送信
⑥ 照合結果が合致していれば通過可能

※JR西日本HPをもとに作図

使用したＱＲコードによるキャッシュレス決済を２０２０年から導入。２０２２年からはＱＲ定期券とＱＲ回数券の導入を開始した。ＪＲ東日本でも、２０２４年度からＱＲコードを利用したチケットレスサービスを導入する。まずは東北エリアで導入し、順次提供エリアを広げていく予定だ。

大阪駅に搭載された「顔パス」システム

きっぷの最先端システムとして注目を集めているのが、いわゆる「顔パス」で乗車できる顔認証チケットだ。大阪駅（うめきたエリア）の地下口には、すれ違いでの入出場も可能なウォークスルー型の顔認証改札機が設置されている。通過時に顔画像から瞬時に認証作業が行われ、マスクを着用したままでも顔を認識することができる。

また、新大阪駅東口には、簡易型の顔認証専用改札機が設置されており、大阪—新大阪間の利用者を対象に実証実験が行われている。

Chapter 2
買い方9

簡易委託駅できっぷを買う

簡易委託駅の委託契約

簡易委託駅の管理・委託の構図は、きっぷの販売業務を委託している業種によって異なる。

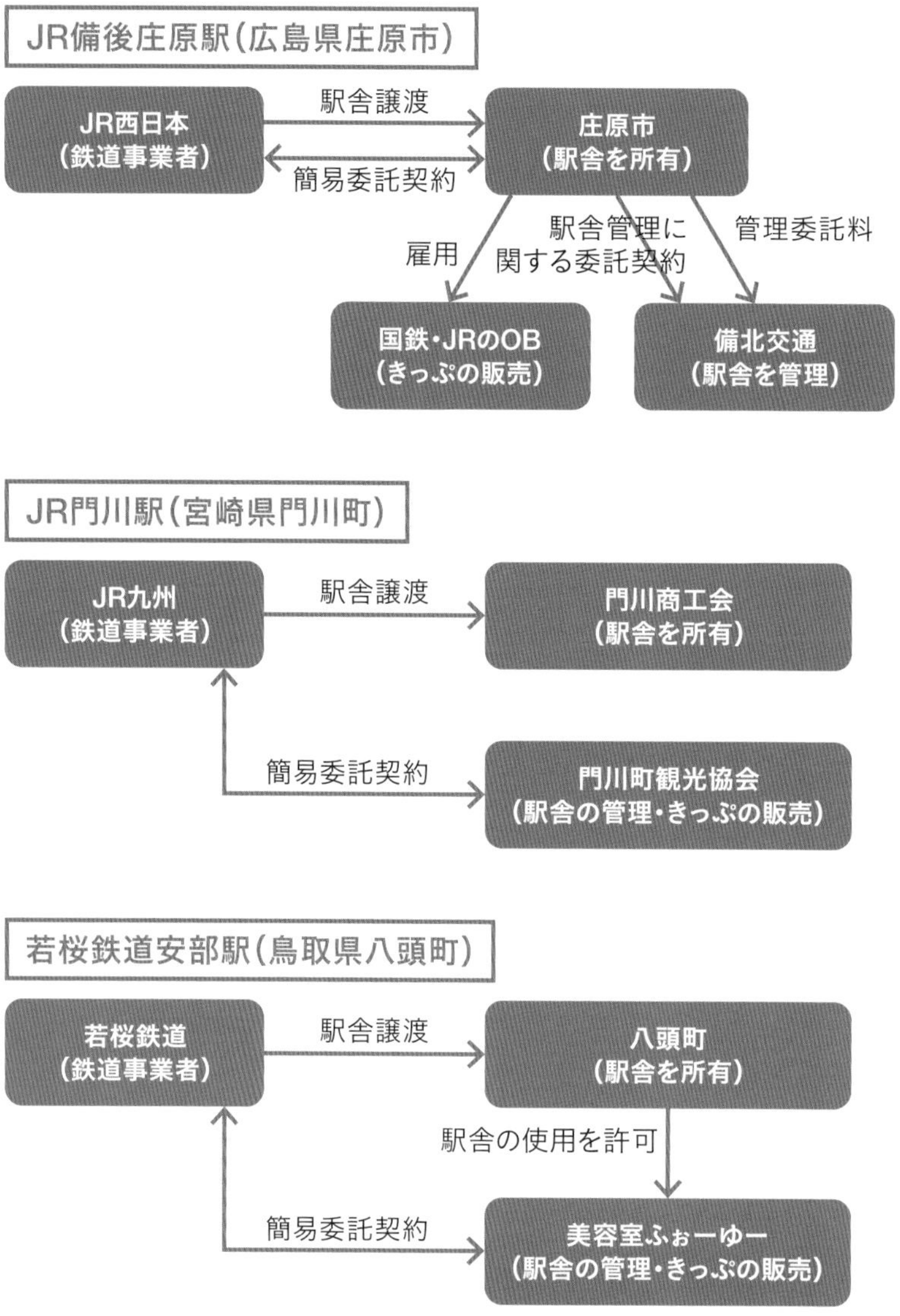

※公益社団法人日本都市計画学会「都市計画論文集 Vol.58 No.3,2023年10月」を元に作成

きっぷの発売業務を鉄道事業者以外が行う

鉄道事業者は経営合理化の一環として、利用者が少ない駅の無人化を進めている。人口が多い東京都や大阪府でも、約1割の駅は無人駅である。今後、無人駅はさらに増えていくとみられる。

駅員がいない無人駅だが、きっぷの発売(出札業務)を市町村や農協、駅前商店などに委託している駅もある。こうした駅を「簡易委託駅」といい、単に「委託駅」と呼ばれることも多い。運転・信号扱いを除く大半の業務を委託した駅は「業務委託駅」といい、区別するために簡易委託駅を「簡託」「簡委」と呼ぶこともある。

簡易委託駅の売上金は、決められた日に管理駅へ納入する。きっぷ販売の委託料は鉄道事業者によって異なり、JR東日本の場合はきっぷ1枚につき額面金額の5%(定期券は1・8%)である。JR西日本では11枚綴《つづ》りの常

さまざまな簡易委託駅

簡易委託駅は終日にわたり駅員がいないが、駅の近隣にある商店などが委託を受けて乗車券類を発売している。

備後庄原駅(JR芸備線)

庄原市の代表駅で、かつては急行列車も停車していた。2002年から簡易委託駅になり、JR西日本が庄原市に駅舎を無償譲渡した。自治体への委託のため、一般的な簡易委託駅よりも業務範囲が広い。

安部駅(若桜鉄道若桜線)

駅舎は美容室「ふぉーゆー」と一体になっており、店のオーナーが駅長を兼務している。映画『男はつらいよ 寅次郎の告白』のロケ地にもなり、ホーム脇には記念植樹された桜の木がある。

八東駅(若桜鉄道若桜線)

かつて駅舎の事務室部分は山岡電機の八東工場で、同社がきっぷの販売を受託していた。その後、喫茶店を経て、現在は地域住民が駅舎の管理ときっぷの販売を行っている。駅舎は1930年開業時のもの。

亀嵩《かめだけ》駅(JR木次《きすき》線)

松本清張の小説『砂の器』の舞台になった駅。駅舎内にそば屋「扇屋」があり、きっぷの販売も行っている。そばは事前に電話予約も可能で、予約しておけば、列車の到着に合わせてホームで受け取ることもできる。

備券を受託者側が10枚分の値段で購入し、11枚の売上のうち1枚分が受託者側の収入になる。また、入場券の印刷及び発券ができるマルス端末やPOS端末が導入されている例もある。

美容室がきっぷを販売する安部駅

JR芸備線備後庄原《しょうばら》駅やJR小浜《おばま》線三方駅では、自治体が駅舎を所有している。国鉄・JRのOBをきっぷ販売員として直接雇用しており、鉄道駅の管理業務の大半を担っている。JR日豊本線門川駅では門川町観光協会が駅舎を管理し、きっぷの販売業務も担う。駅舎は自治体が所有し、観光協会が駅舎の管理ときっぷの販売を行っているケースもある。

簡易委託駅には、個人商店がきっぷの販売を行う駅もある。若桜《わかさ》鉄道安部駅は美容室「ふぉーゆー」が駅舎の管理ときっぷの販売を行っている(駅舎は八頭《やず》町が所有)。

COLUMN 2

東京→神田

初乗り150円で「大回り乗車」の旅

「列車に乗って旅をしたいけど、お金がない」という人におすすめなのが、「大回り乗車」の旅。無限の可能性を秘めているので、ぜひチャレンジしてみよう。

竹岡〜上総湊間を走行する内房線の列車。内房線や外房線は食料を調達できる駅が少ないので、あらかじめ用意しておこう。

同じ駅や区間を2度通るのはNG

１００㎞を超えるＪＲ乗車券は途中下車が可能で、距離に応じて有効期間が延びていく。しかし、「大都市近郊区間」の区間内で完結する乗車券の場合、どれだけの距離を移動しても途中下車はできず、有効期間も１日間に限られる。

一方で、大都市近郊区間には「乗車する経路にかかわらず、最短経路で運賃が計算される」というルールがある。これを活用することで、ひたすら列車に乗り続ける「大回りの旅」が楽しめる。ＪＲ本州3社の幹線運賃は、初乗りがきっぷ利用時１５０円（ＩＣカード利用時は１４７円）で、この金額で１０００㎞を超える移動も可能だ。

さまざまな魅力が詰まった「大回り乗車」だが、注意点もいくつかある。まずは、移動の区間内が大都市近郊区間のエリア内に限られているということ。旅行中に1駅でもは

青春18きっぷ 東京—神田間の旅ルート例

駅名	発着時間	行き先
東京　発	8:05	京葉線蘇我行
蘇我　着	8:54	
蘇我　発	9:13	内房線君津行
君津　着	9:57	
君津　発	10:37	内房線上総一ノ宮行
上総一ノ宮　着	13:33	
上総一ノ宮　発	13:39	外房線東京行
大網　着	14:00	
大網　発	14:22	東金線成東行
成東　着	14:40	
成東　発	14:44	総武本線千葉行
千葉　着	15:31	
千葉　発	15:41	総武線快速久里浜行
市川　着	16:01	
市川　発	16:07	総武線中野行
秋葉原　着	16:26	
秋葉原　発	16:30	京浜東北・根岸線大船行
神田　着	16:31	

「大回り乗車」の注意ポイント

1.乗車区間は大都市近郊区間のエリア内のみ

2.同じ駅やルートは2度通らない

3.途中下車はNG

4.有効期間は1日だけ

「大回り乗車」の旅では、駅の外にある観光地に立ち寄ることはできない。しかし、窓の外に広がる景色は満喫できるし、駅ナカにある売店や食堂も利用できる。自分でルートを考えて、自分なりの「大回り」を楽しもう。

旅の出発点となる東京駅。京葉線のホームは新幹線のホームから500m以上離れている。

京葉線の車窓からも見られる「ダイヤと花の葛西臨海公園」。高さ117m、回転輪直径111mで日本最大規模を誇る。

東金線のボックスシート。車窓が見やすい、グループで利用しやすいなどのメリットがある。

東京駅から東京湾沿岸を走り、千葉県の蘇我駅まで結ぶ京葉線。

旅のゴールとなる神田駅。島式ホーム3面6線を有する高架駅。

内房線の車窓からは、東京湾や三浦半島なども一望できる。

み出るとルール違反になるので要注意だ。また、同じ駅や経路を2度通るのもルール違反となる。そして、途中駅で改札の外に出たら、そこで「大回り乗車」は終了となる。食事や休憩は駅ナカ施設を利用しよう。

大回りの「ひと筆書きルート」はいくつもあり、多くのファンがチャレンジし、インターネット上でも公開している。八高線や両毛線、水戸線、外房線といったローカル色が強い路線も大都市近郊区間に含まれているので、しっかりと「旅」が楽しめるのも、「大回り乗車」の旅の醍醐味の1つである。

上記の東京駅から千葉県の房総半島を回って神田駅に行くルートも、日中ほぼ移動にもかかわらず、運賃は「東京→神田」の１５０円（ＩＣカード利用時は１４７円）となる。途中の千葉駅には「ペリエ千葉」という駅ナカ施設があり、飲食店も充実しているので、食事や休憩時に利用したい。

PART

きっぷのシステム ③

きっぷ本体の磁気などの仕組み、自動改札機の機構、旧国鉄時代の改札パンチなど、きっぷをめぐるさまざまなシステムを解説。私たちが普段使っているきっぷがどのような構造で回っているのかを知ろう。

定期券
Tickets
Commuter Pass
车票 車票 승차권
定期券·Suica
きっぷ·チャージ
Commuter Pass
Suica
Tickets, Charge
新幹線オフィス車両
指定席発売のお知らせ
2022年6月27日(月)より
はやぶさ号・はやて号の
新幹線オフィス車両は
新幹線 e チケット

硬券きっぷの構造

自動券売機の普及で姿を消した硬券きっぷだが、一部の私鉄では現役で使われている。JRでも、多くの記念きっぷが硬券で発券されている。

ダッチング（発行日）

「ダッチングマシン」と呼ばれる機械で、きっぷに日付を入れる。近年はコスト削減のため、スタンプを使用している会社もある。

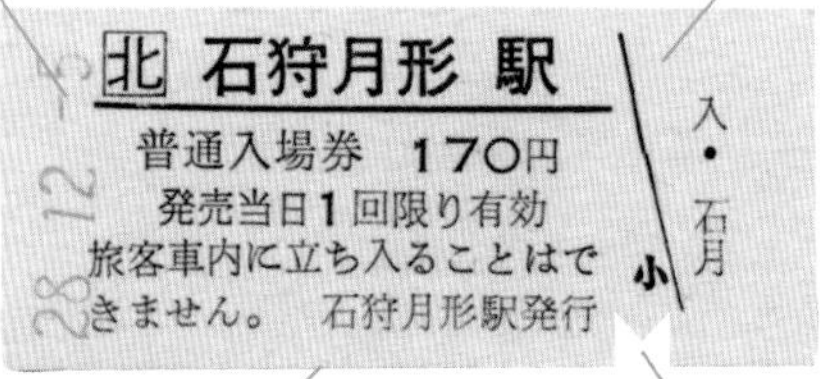

地紋

偽造防止のために印刷される背景色。

硬券用紙

昔ながらの凸版印刷で仕上げた硬券は、味わい深くて人気が高い。

入鋏痕《にゅうきょうこん》

きっぷに切れ込みを入れる行為を「入鋏」といい、入れられた切れ込みを「鋏痕」という。

Chapter 3 システム1 硬券の特徴と魅力

蒸気機関車（SL）運行で有名な大井川鐵道の硬券きっぷ。一部の駅では、JR線への連絡硬券きっぷを発売している。

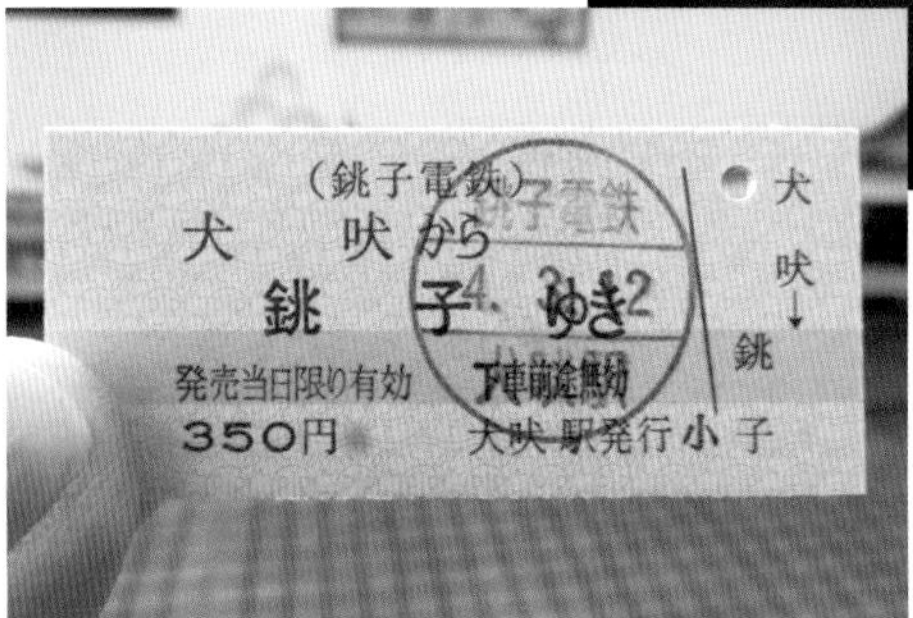

千葉県銚子市を走る銚子電鉄の硬券きっぷ。地元企業の関東交通印刷と協力し、乗車券付き硬券名刺を発売している。

レトロブームで注目を集める硬券

「硬券」は硬い厚紙で作られた乗車券のことで、明治の鉄道創業期から利用されてきた。少しやわらかめの厚紙で作ったものを「半硬券」と呼ぶ場合もある。

薄くやわらかい紙を用いたきっぷは、硬券に対して「軟券」とも呼ばれる。特殊な取り扱いを伴う乗車券や記入事項が多い乗車券など、硬券が不向きな乗車券に使用された。

硬券に用いられている用紙は「板紙」といい、厚さは0・6〜0・7㎜程度。まずは厚紙に地紋を印刷し、きっぷのサイズに裁断後、活版印刷機で文字を印刷する。硬券が全盛の頃は、毎分300枚のペースできっぷが印刷されたという。

厚紙の印刷を個人で行うのは容易ではないので、硬券には偽造しにくいという利点がある。一方で、版を硬券に押しつける力が強いとインクがにじむ、版が少しでも傾くと均

硬券の4つの規格サイズ

国内で流通している硬券のサイズは４種類。現在は、千葉県銚子市に本社を置く関東交通印刷が唯一、全規格印刷可能な会社となっている。

A型券
30×57.5mm
30㎜ / 57.5㎜

「きっぷの祖」ともいわれるイギリスのトーマス・エドモンソンが考案したことから、「エドモンソン券」とも呼ばれる。乗車券としては最もポピュラーなサイズで、日本では自動券売機用として広く使われている。

B型券
25×57.5mm
25㎜ / 57.5㎜

用紙節約のために考案されたサイズで、A型券よりも縦が5mm短い。1928年、首都圏の「電車特定区間」に初めて採用された。現在は硬券を使用する私鉄の入場券や乗車券に使われている。

C型券
57.5×60mm
57.5㎜ / 60㎜

A型券を上下２枚合わせたサイズで、ほぼ正方形。1907年に帝国企画乗車券などに採用された。「用紙のロスが多い」「縦と横の区別がつきにくい」などの理由で、現在はほぼ姿を消している。

他の３種と比べて横長で、多くの情報を書き込むことができる。指定席特急券などの高額券や往復乗車券、記念乗車券などに活用されてきた。

D型券
30×88mm
30㎜ / 88㎜

出典：関東交通印刷　http://www.ticket-print.co.jp/punch.html

一に印刷できないなど、繊細な作業が求められる。冬場はインクが固まるので、ドライヤーで熱してやわらかくする、冷たくなった印刷機を動かして温かくするなどのケアも必要だ。

自動改札機に通せない硬券

硬券は厚みがあるので、自動改札機に通すことはできない。そのため、改札機の普及と共に、硬券は姿を消していった。ＪＲでも定期販売が終了したが、現在も大井川鐵道や銚子電鉄など、一部の私鉄で硬券きっぷが発行され続けている。

入手できる機会が減った硬券だが、逆にそれが価値を生み出し、硬券をコレクションする人が増えている。硬券人気を背景に、新たな硬券きっぷを発券する鉄道会社もある。２０２４年はみなとみらい線の開業20周年、三陸鉄道の開業40周年を記念した硬券セットがそれぞれ発売された。

Chapter 3 システム2

きっぷの磁気

自動改札機を「通れるきっぷ」「通れないきっぷ」

自動改札機は、すべてのきっぷに対応しているわけではない。うっかり非対応のきっぷを入れるとゲートが開かず、「ピンポーン」という警告音が鳴ってしまうので要注意だ。

通れるきっぷ

●裏面が黒色または茶色のきっぷ

磁気券の裏面には磁性体が塗られており、黒色または茶色になっている。磁気性は黒色のほうが高い。磁気で書き込まれている情報を読み込むことで、内容により自動改札機が閉じたり開いたりする。

通れないきっぷ

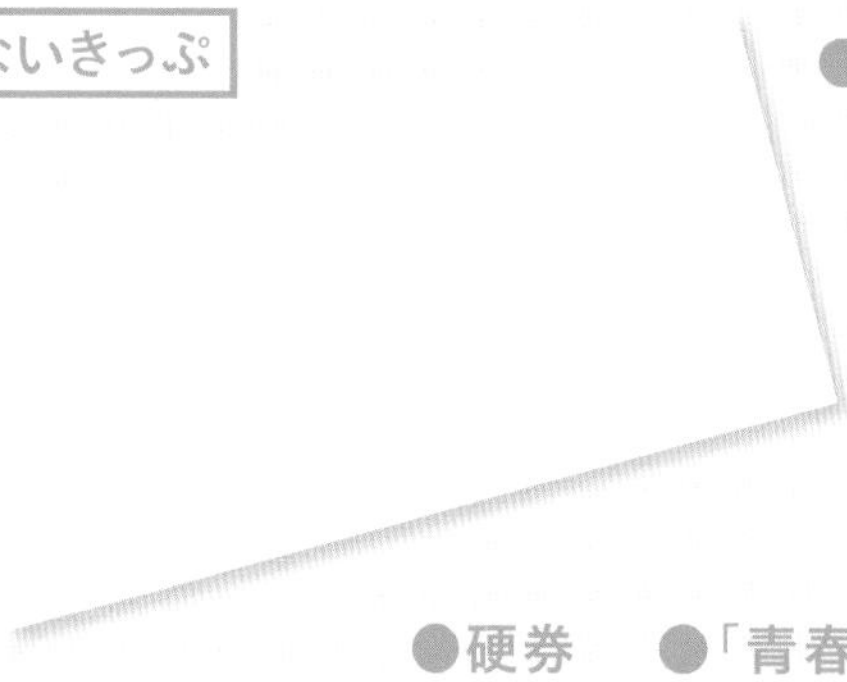

●裏面が白色のきっぷ

●硬券　●「青春18きっぷ」などのトクトクきっぷ

紙のきっぷの主役になった磁気券

　自動券売機の普及と共に、紙のきっぷの主役になったのが「磁気券」である。裏面には黒色または茶色の磁性体が塗られており、磁気データが保存されている。磁気力は黒色のほうが高く、磁気券の裏面の主流になっている。

　磁気券の磁気フォーマット（記録方式）は、「ＮＲＺ－Ｉ方式」と「ＦＭ（Ｆ２Ｆ）方式」の２種類が使われている。古い設備の更新が進んでおり、磁気券はＦＭ方式で統一されつつある。

　日本鉄道技術協会の特定部会である日本鉄道サイバネティクス協議会がきっぷの電子情報フォーマットを統一しているので、異なる鉄道会社が自動改札機や自動精算機などできっぷの電子情報を利用する場合でも、特に問題なく情報を読み取ることができる。

　裏面には発行日や有効日、乗車駅の駅名、運賃、大人券か小人券など、表面に記載さ

2種類の磁気フォーマット

比較的早くから機械化に取り組んだ鉄道は「NRZ-1方式」、後発の鉄道は「F2F方式」であることが多い。古い設備の更新が進み、磁気券はF2F方式で統一されつつある。

NRZ-1方式

「Non Return To Zero Change On Ones」の略で、磁性体上の磁化極性が反転したときをデジタル信号の「1」、反転しないときを「0」に対応させる方法。2つ以上のトラックが必要。

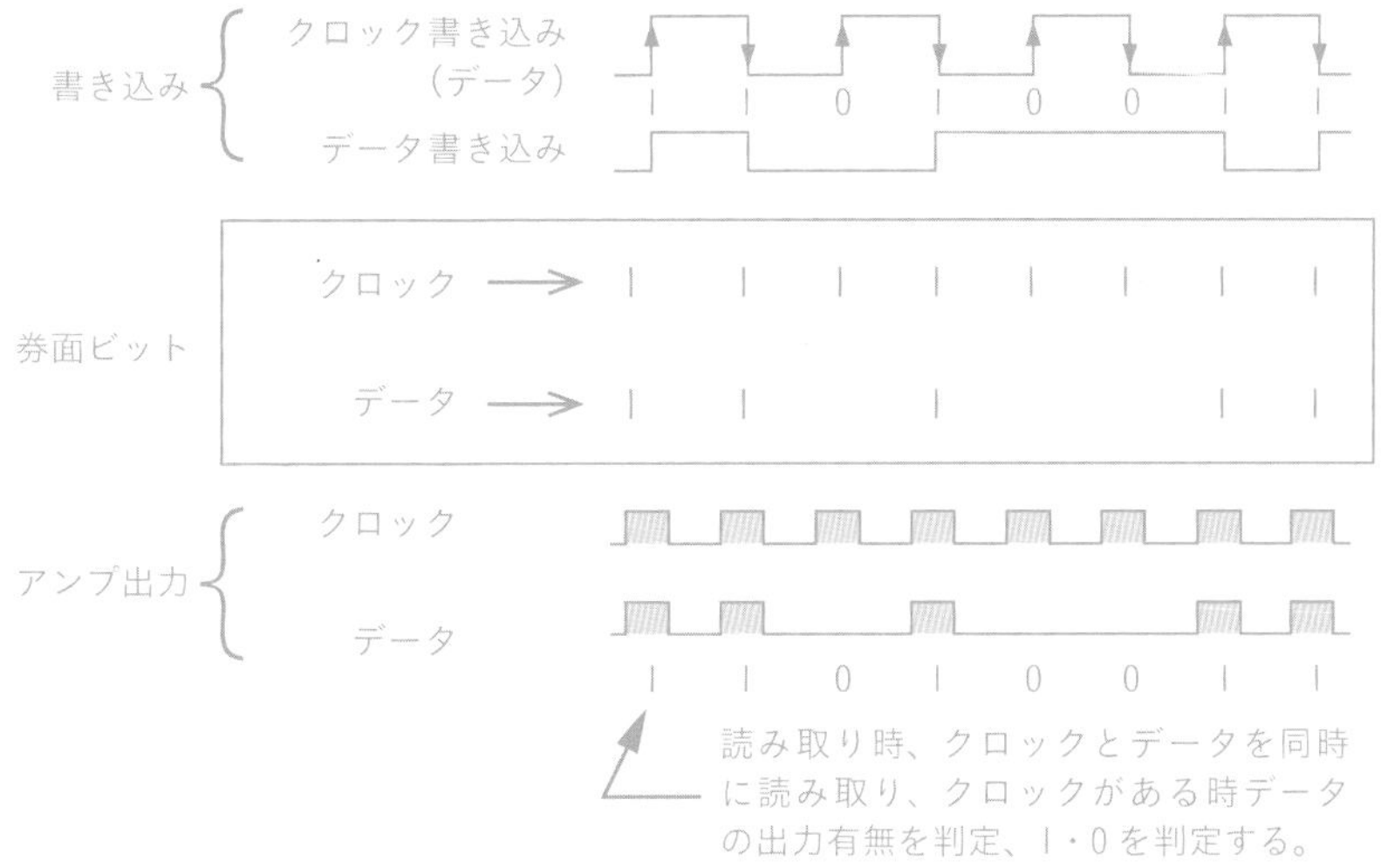

FM（F2F）方式

「Frequency Modulation」の略で、磁性体上の磁化極性が2回反転したときをデジタル信号の「1」とし、1回反転したときを「0」に対応させる方法。1つのトラックでデータの記録が可能で、記録密度を高くできる。

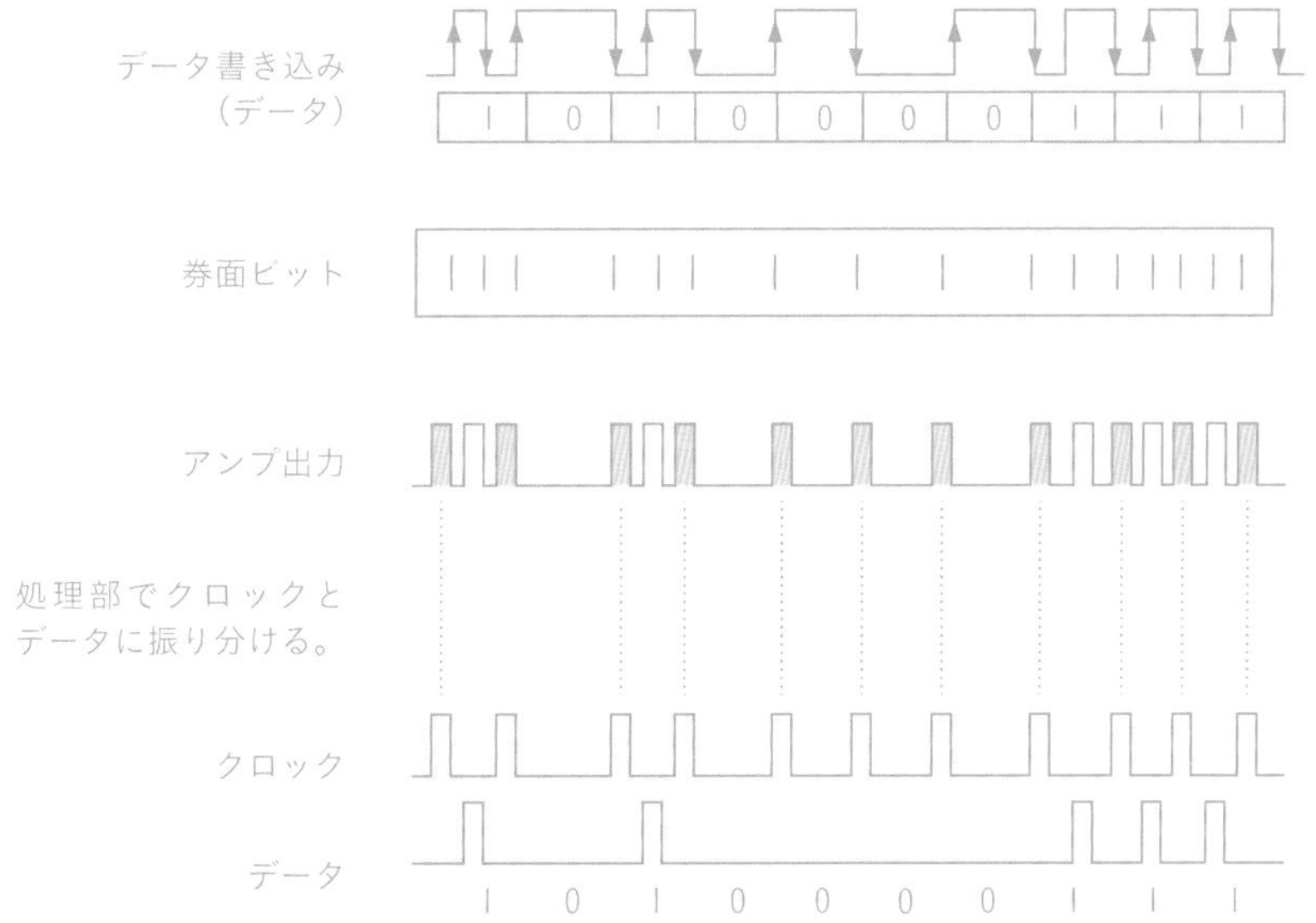

※『自動改札のひみつ（改訂版）』をもとに作図

れている内容が記憶されている。人の目では何も読み取ることができないが、自動改札機は読み取ることが可能で、投入後に券が有効かどうかを判断する。非対応のきっぷを入れると、自動改札のゲートが開かないので要注意だ。

自動改札機が裏面の情報を読み取る

自動改札機は裏面にある情報を読み取るが、きっぷを裏返しに入れても普通に通過できる。自動改札機の中には、きっぷの表裏を読み取る磁気ヘッドが付いている。表が上で入れられたきっぷはそのまま、裏面が上で入れられたきっぷは中で反転されてから、データを読み取るしくみになっているのだ。

紙のきっぷとして主流をなしてきた磁気券だが、チケットレス化によって姿を消しつつある。磁気券対応の自動改札機は保守に多額の費用がかかるので、IC専用への置き換わりが進んでいる。

自動改札機の要素

自動改札機の構造は取り扱う券種や路線によって多少異なるが、構成要素は概ね共通している。

❶制御部

投入された乗車券を判定すると共に、通過者を通過位置センサーで検知し、ドア開閉や案内表示を行う。さらに、利用金額を収受して売上データを作成し、監視盤を経由してデータ集計機に送信している。

❷筐体《きょうたい》部

機械や装置を収めた本体部分。進行方向を示す表示部もついている。

❸アンテナ部

ICカードの情報を処理したり、音声の鳴り分けなどを行う。

❹案内表示部

ICカードの残額や定期券の有効期限切れ予告を表示する。

❺ドア部

残額が不足したICカードを利用したとき、乗車券を自動改札機に投入しないで通過しようとしたときに通過できないようにするための扉部。

❻通過表示灯

不正通過時は異常ランプ（赤色）が点灯する。

投入口に挿入したきっぷは、1秒程度で放出部から出てくる。

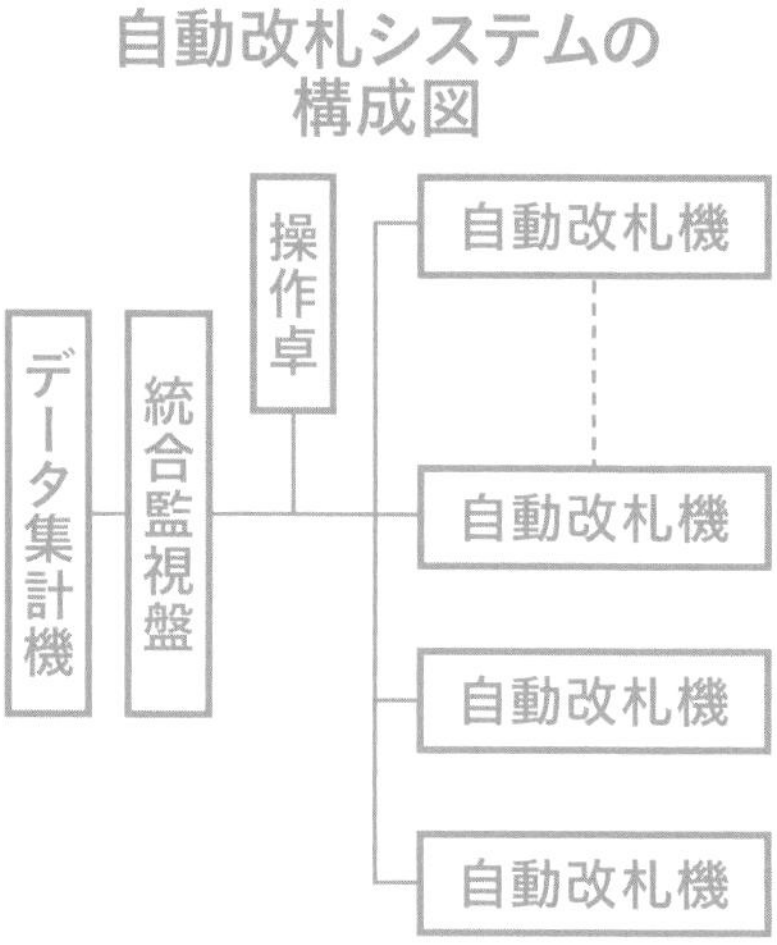

大阪で初めて導入された自動改札機

旅客の求めに応じて乗車券類を発売することを「出札」、旅客が携帯する乗車券類が有効かどうかを確認することを「改札」といい、かつては両方とも人力で行われていた。現在は出札業務を自動券売機、そして改札業務を自動改札機が担い、駅の機械化・セルフ化が浸透している。

自動改札機（鉄道向け自動改札システム）は1967年、京阪神急行電鉄（現・阪急電鉄）千里線の北千里駅で初めて導入された。1号機の開発に携わったオムロン、近畿日本鉄道、阪急電鉄、大阪大学は、2007年にマイルストーン賞を受賞している。

乗車券や定期券などを自動改札機にかざすと、券に記録されている情報が読み取られる。通行可能かどうかを瞬時に判断し、ドアの開閉や案内の表示を自動で行う。入場情報がない乗車券で出場しようとしたり、出場情報がない定

自動改札機の機構

自動改札機の中でも特に重要なのが、きっぷの読み取りや情報の書き込みを行うハンドラー（搬送部）。自動改札機の普及で、不正な「キセル乗車」は大幅に減少した。

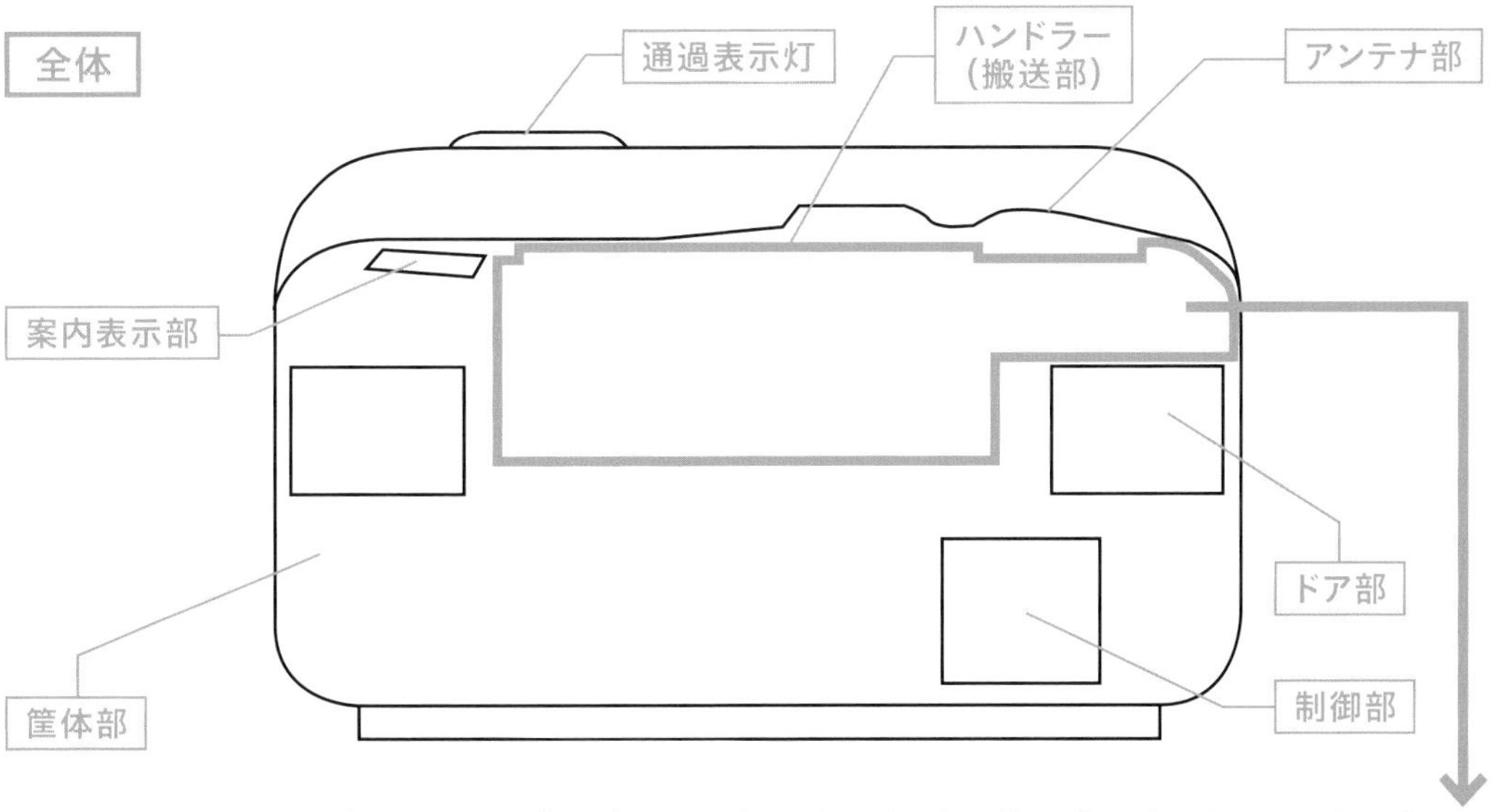
全体
通過表示灯
ハンドラー（搬送部）
アンテナ部
案内表示部
ドア部
制御部
筐体部

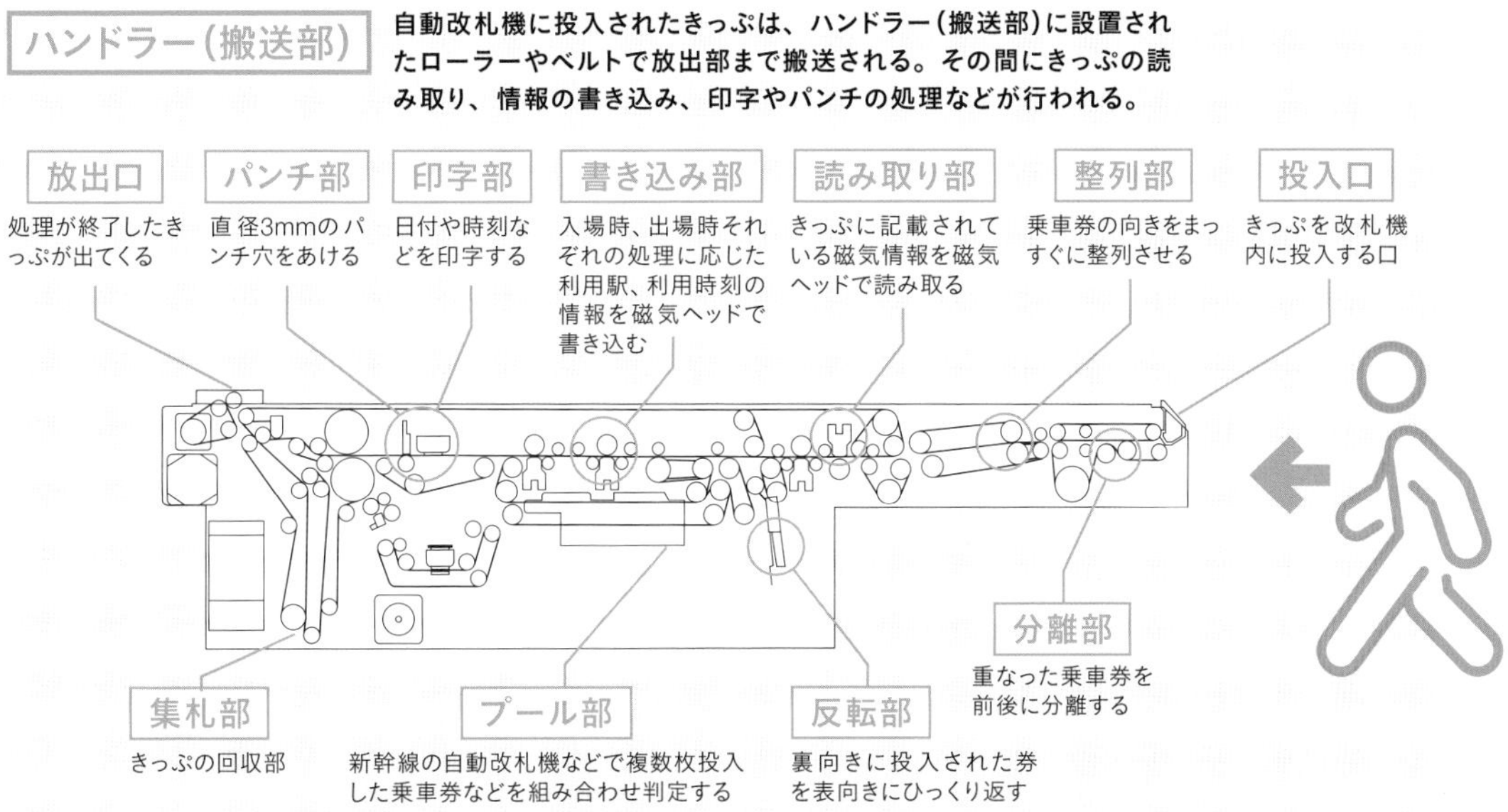
ハンドラー（搬送部）
自動改札機に投入されたきっぷは、ハンドラー（搬送部）に設置されたローラーやベルトで放出部まで搬送される。その間にきっぷの読み取り、情報の書き込み、印字やパンチの処理などが行われる。
放出口
処理が終了したきっぷが出てくる
パンチ部
直径3mmのパンチ穴をあける
印字部
日付や時刻などを印字する
書き込み部
入場時、出場時それぞれの処理に応じた利用駅、利用時刻の情報を磁気ヘッドで書き込む
読み取り部
きっぷに記載されている磁気情報を磁気ヘッドで読み取る
整列部
乗車券の向きをまっすぐに整列させる
投入口
きっぷを改札機内に投入する口
分離部
重なった乗車券を前後に分離する
集札部
きっぷの回収部
プール部
新幹線の自動改札機などで複数枚投入した乗車券などを組み合わせ判定する
反転部
裏向きに投入された券を表向きにひっくり返す

期券で入場しようとすると、「ピンポーン」とチャイムが鳴ってゲートが閉じるしくみになっている。

投入されたきっぷを１秒程度で処理する

自動改札機に投入されたきっぷは、「ハンドラー（搬送部）」と呼ばれる機構で読み取られる。ここで運賃や利用期間などの有効性の確認、新たな情報の書き込み、印字やパンチなどの作業が１秒程度で行われ、ローラーやベルトで放出部まで運ばれる。そして、放出部から外に出てくる。自動改札機が普及したことで、不正な「キセル乗車」は大幅に減った。

きっぷは汗がにじんでいたり、変形していたりするので、投入によってハンドラーに詰まるなどのトラブルが生じることもある。トラブルを防いだり、点検をするための手間がかかるが、交通系ＩＣカードならきっぷを投入する必要がないので、メンテナンスのコストが大幅に低減できる。

主な磁気式プリペイドカード

「オレンジカード」から始まった磁気式プリペイドカードの歴史は、2000年前後に最盛期を迎えた。しかし、交通系ICカードの普及で需要が減少し、発売を終了した。

オレンジカード

JRの自動券売機できっぷが購入できるプリペイドカード。そのまま自動改札機に投入して利用することはできない。絵柄が多彩なので、コレクター需要が高かった。

イオカード

JR東日本が1991年に発売開始。自動改札機に投入するだけで運賃が自動的に精算され、そのまま通過できた。最盛期の2001年には868億円の売り上げがあったが、2005年に自動改札の取り扱いを終了。

パスネット

関東地方の鉄道(私鉄・地下鉄)22社局共通のプリペイドカード。2000年に導入したが、「PASMO」の普及によって2008年に発売を終了した。

Jスルーカード

1999年の発売当初はJR西日本の導入エリアだけで使用できたが、2001年からは近畿日本鉄道の一部路線でも使用を開始した。伊丹市営バスや明石市営バスでも導入された。

ワイワイカード

JR九州と福岡市営地下鉄が発行していたプリペイドカード。金額は3000円・5000円・1万円の3種類で、記念カードとして1000円券が発売されていた。

スルッとKANSAI

近畿圏や岡山県・静岡県の鉄道・バス事業者で構成された「スルッとKANSAI協議会」が展開していた磁気式ストアードフェアシステム。

磁気式プリペイドカードと交通系ICカードは、どちらも自動券売機を使ってきっぷを購入できる。

オレンジカードが人気を集める

国鉄末期の1985年、「オレンジカード」という磁気式プリペイドカードが登場した。当時はテレホンカードも登場するなど、キャッシュレスの先駆けでもあるプリペイドカードが話題を集めていた。さまざまな絵柄や写真を使用し、鉄道ファンの収集意欲をかき立てた。オレンジカードは「みどりの窓口」やカード発売機のほか、一部のデパートでも購入できた。

オレンジカード対応の自動券売機できっぷを買うことができたが、自動改札機に直接投入しての自動精算はできなかった。オレンジカードは2013年に発売を終了したが、現在も券売機で使うことは可能だ。

1991年、JR東日本が自動改札機に直接投入できる「イオカード」を発売した。改札を通すとカード残高から運賃が引かれるので、券売機に並ぶ手間を省くことができた。

非接触式ICカードの分類

非接触式ICカードは、通信距離に応じて「密着型」「近接型」「近傍型」「遠隔型」に分類される。これらの非接触型ICカードは、ISO/IECで標準化されている。

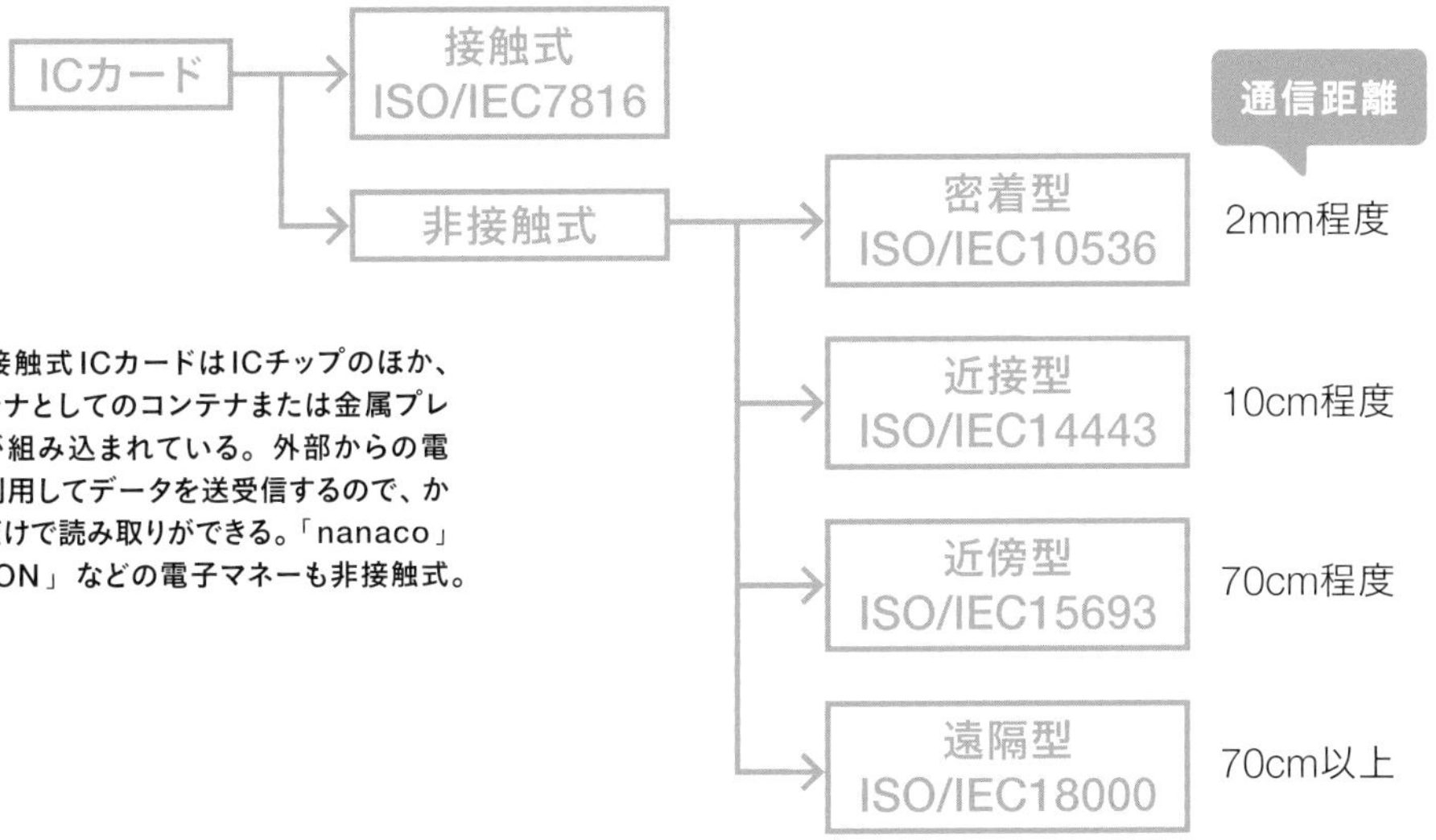

非接触式ICカードはICチップのほか、アンテナとしてのコンテナまたは金属プレートが組み込まれている。外部からの電波を利用してデータを送受信するので、かざすだけで読み取りができる。「nanaco」「WAON」などの電子マネーも非接触式。

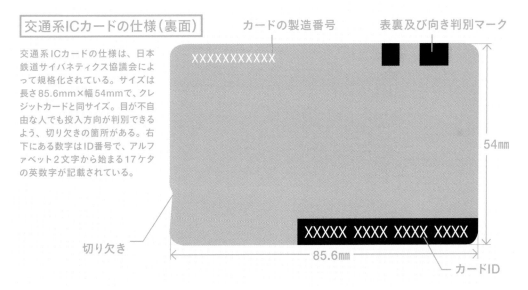

交通系ICカードの仕様(裏面)

交通系ICカードの仕様は、日本鉄道サイバネティクス協議会によって規格化されている。サイズは長さ85.6mm×幅54mmで、クレジットカードと同サイズ。目が不自由な人でも投入方向が判別できるよう、切り欠きの箇所がある。右下にある数字はID番号で、アルファベット2文字から始まる17ケタの英数字が記載されている。

他の鉄道会社でも磁気式プリペイドカードの導入が進み、JR西日本の「Jスルーカード」、関東の主要私鉄で使える「パスネット」など、同様のカードが次々と発売された。

出改札システムを変えたICカード

磁気式プリペイドカードに代わって登場したのが交通系ICカードで、2001年にJR東日本が「Suica」を導入した。ICカードは従来の磁気カードに比べて内蔵できる情報量が格段に多く、現在の主流になった。

ICカードは、データの読み書きを行うときにカードと読み取り機器が接触する「接触式」と、電波を利用して各種データの送受信をする「非接触式」がある。非接触式に利用される通信距離に応じて「密着型」「近接型」などに分かれる。「Suica」などの交通系ICカードは非接触式ICカードで、ソニーの非接触式ICカード技術「FeliCa」を採用している。

Chapter 3 システム5

旅客販売総合システム「マルス」

「マルス（MARS）」の歴史

「マルス（MARS）」は「Multi Access seat Reservation System（旅客販売総合システム）」の頭文字をとったもので、日本で初めてのオンライン・リアルタイムシステム。現在は「マルス505」を使用している。

マルス 1（1960 年稼働開始）

当初は東海道本線の下り特急「第 1 こだま」「第 2 こだま」のみの対応で、指定券を端末からの直接発券ができなかった。

マルス 101（1964 年稼働開始）

「マルス 1」の改良強化版。1 列 4 席の列車にしか対応しておらず、限られた特急列車のみの運用だった。

マルス 102（1965 年稼働開始）

「マルス 101」をベースに、東海道新幹線の 1 列 5 席配置にも対応したもの。

マルス 103（1968 年稼働開始）

増発した特急列車に対応するために改正したシステム。

マルス 201（1969 年稼働開始）

団体旅行専用の予約システム。

マルス 104（1970 年稼働開始）

万博輸送のための列車増発に対応したシステム。能力は「マルス 103」と同じ。

マルス 105（1972 年稼働開始）

10 年先を見越して、システムを根本から見直し。現在のシステムの原型ともいえる存在で、特別企画乗車券や宿泊券、レンタカー券などの取り扱いも始まった。

マルス 202（1975 年稼働開始）

マルス 201 の改良版。1980 年には旅行会社のシステムと結合。

マルス 301（1985 年稼働開始）

「マルス」の各システムを統合集約化し、旅客販売総合システムに発展させる。国鉄分割民営化で鉄道情報システム（JR システム）に承継される。

マルス 305（1993 年稼働開始）

自動改札機や偽造対策などに対応。乗車経路が一部重複する片道乗車券が発券されたことがあった。

マルス 501（2002 年稼働開始）

システムの主要部分がサーバ化し、指定席自動券売機の機能も増強。JR 各社の個別の要求にも対応できるようになった。

マルス 505（2020 年稼働開始）

現行のシステム。インターネット予約システムやチケットレスなどに対応している。

進化を遂げるマルスシステム

「みどりの窓口」（JR東海は「JR全線きっぷうりば」）に足を運ぶと、パソコンのような外観の端末機を目にする。これが「マルス端末」と呼ばれる機器で、係員が慣れた手つきで操作し、1カ月先までのJRの特急券や指定席券、寝台券、特別車両券などを発券する。遊園地や展覧会などイベントの入場券、宿泊券なども購入可能で、かつては航空券も取り扱っていた。

きっぷが瞬時に発券できるのは、マルス端末が「マルス（MARS）」と呼ばれる巨大なコンピュータ・オンラインシステムにつながっているからだ。マルス端末は旅行会社や指定席券自動券売機、JR東日本の「えきねっと」などのインターネット予約システムにもつながっており、指定席券の購入を可能にしている。

「マルス」の歴史は古く、1960年に「マルス1」の運用を開始した。それ以前は台帳

私鉄の接客販売総合システム

有料座席指定特急を運行する私鉄にも、「マルス」と同様の座席予約・旅客販売総合システムがある。近畿日本鉄道が運用する「ASKAシステム」は、主要旅行会社のシステムとも結合している。小田急電鉄では、2003年から「MFITTシステム」を導入している。

マルスⅠの中央装置。（写真：日本国有鉄道百年写真史）

JRの指定席券購入に欠かせない「マルス」システム

「みどりの窓口」や旅行会社の端末、「えきねっと」などのインターネット予約システムは、すべて「マルス」につながっている。

えきねっと

インターネット予約システム

e5489

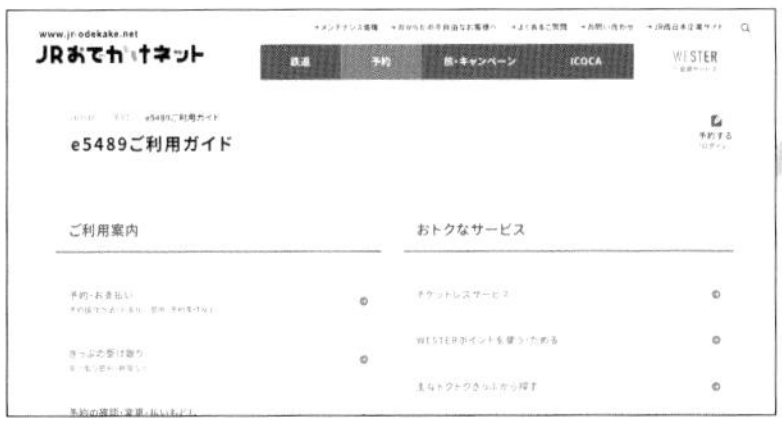

マルス

みどりの窓口

窓口予約システム

旅行会社の窓口

指定席券自動券売機

（ノート）を使って指定席の管理をしていたが、特急列車の増加で対応しきれなくなった。そこで、コンピュータネットワークという概念すら存在しなかった時代に、専用回線を使用したネットワーク「マルス」を立ち上げた。

システム稼働時間は朝4時から翌日2時

初期の「マルス」は対応区間や列車が限られ、不具合やミスも相次いだ。しかし、改良強化版が次々と登場し、単なる座席予約システムから旅客総合販売システムに進化を遂げた。1980年にはマルスと大手旅行会社のシステムの結合が行われ、双方の商品を互いに販売できるようにした。

現在、「マルス」は鉄道情報システム株式会社（JRシステム）が管理・運営する。システム稼働時間は朝4時から翌日2時までで、深夜帯にはメンテナンスを行う。現行の「マルス505」は、チケットレスなどにも対応している。

Chapter 3 システム6

きっぷのリサイクル

きっぷのリサイクル①

使用済みの硬券を販売

回収されたきっぷをゴミとして処分するのではなく、商品として販売する方法。需要があるのは地方のローカル鉄道で今も発券されている硬券で、今では買えない「掘り出し物」が混じっていることもある。

明知鉄道

岐阜県の恵那駅と明智駅を結ぶローカル鉄道。自社の通販サイトで「お楽しみ硬券セット」と称し、使用済みの硬券を複数枚セットで販売している。

津軽鉄道

青森県津軽地方を走るローカル鉄道で、「ストーブ鉄道」が有名。オンラインショップで使用済み、利用不可のきっぷのほか、鉄道小荷物のきっぷ、優待乗車券などを販売。

回収したきっぷはどこに行くのか?

ＪＲの営業規則では、目的地に着いて役目を終えたきっぷは、駅員に引き渡すことが定められている。使用後のきっぷは鉄道会社が回収するのが原則で、乗客から運賃や使用済みの乗車券などを回収することを「集札」という。

ただし、係員が配置されている駅に限り、再利用防止に必要な措置をすれば、使用済みのきっぷを持ち帰ることができる（補充式の乗車券類・定期乗車券・団体乗車券などは対象外）。ＪＲ東日本の場合、券面に「無効」「使用済み」の押印などの証明を行い、穴を開けてからの引き渡しとなる。観光の記念になるように、「乗車記念」のスタンプが押される駅もある。

持ち帰ることなく回収されたきっぷは、鉄道会社によって処分・廃棄される。ただし、近年は環境への意識の高まりから、きっぷを再資源化して使う動きが目立っている。

長野電鉄

長野県北部に路線を持つローカル鉄道。不定期で行われる鉄道フェスティバルで、使用済みの硬券が販売されている。

きっぷのリサイクル②

トイレットペーパーや段ボールに生まれ変わる!

リサイクルされたトイレットペーパーは、首都圏の一部の駅で再利用されている。1ロールのトイレットペーパーを作るのに、きっぷを約750枚使用している。

交通系ICカードの再利用

使用しない交通系ICカードは、駅の窓口などで返却することができる。「Suica」の場合、返却時にデポジット(500円)のほか、チャージ残高も返金される。ただし、全額返金されるわけではなく、手数料220円を差し引いた額となる。返却後、ICカードに内蔵されているICチップは再利用される。現在は世界的な半導体不足でICチップの入手が困難な状況なので、再利用は必須とされている。

きっぷのリサイクル③

乗車券類がベンチに変身!

京王電鉄では、使用済み定期券を芯材に再生利用したエコベンチを製作している。ベンチ1基あたり約1000枚(約1.4kg)の使用済み定期券を使用。名古屋鉄道も、きっぷをリサイクルして作ったベンチが設置されている。

トイレットペーパーや段ボールに再生される

磁気乗車券の裏面は磁気コーティングされているので、焼却による処分が難しかった。しかし、紙と鉄粉を分離する技術により、リサイクルが可能になった。JR東日本では回収されたきっぷが指定の箇所に送付され、一定期間保管される。

そして、紙の部分はトイレットペーパーや段ボールなどにリサイクルされる。1ロールのトイレットペーパーを作るのに、約750枚のきっぷが必要といわれる。また、駅や列車で回収された雑誌・新聞紙類は、JR東日本グループ内の事務用紙などに生まれ変わっている。

近年は「Suica」など交通系ICカードの流通により、きっぷもペーパーレス化が進んでいる。ICカードは使い捨てではなく繰り返し使えるので、資源の節減にも役立っている。

マルス券の券番

マルス端末で発券されるマルス券には、さまざまな数字が記載されている。その意味を知っておけば、きっぷの世界がさらに奥深くなるはずだ。

チェックデジット

券番の読み間違えなどを防止する目的で、自動的に付与される数字。下4ケタの数字を7で割り、その余りがチェックデジットの数字になる。このきっぷの場合、下4ケタの「1790」で7を割った余りが「5」なので、チェックデジットは「5」になる。

1790÷7＝255(5余り)
→チェックデジットは「5」

ローカル発売の場合

❶1790÷3＝596(2余り)
❷2＋7＝9
→チェックデジットは「9」

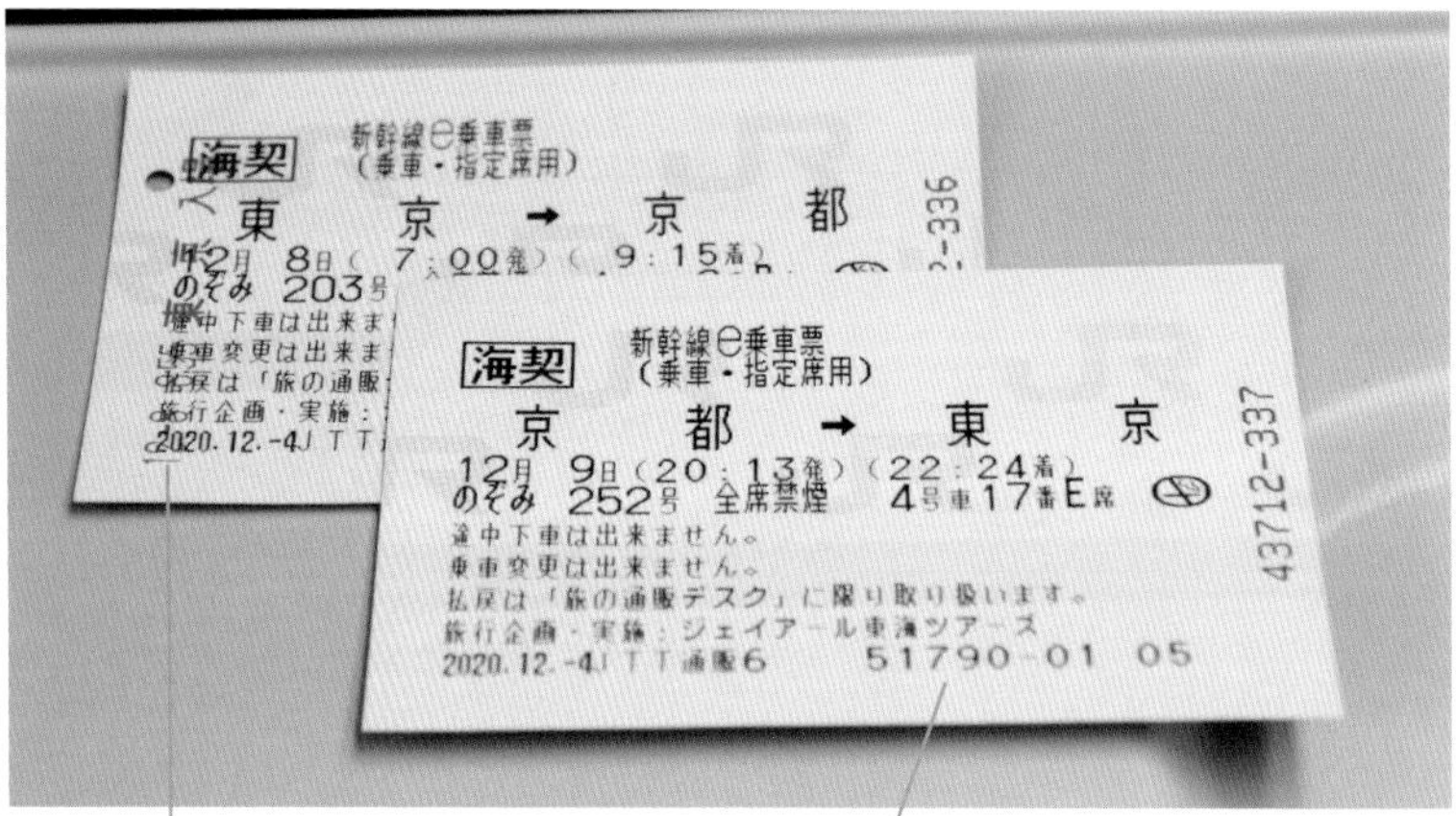

入出場表示

新幹線改札を入場または出場した際、自動で印字される。

枝番

1回の操作で複数の券片が発券される場合、「51790-01」「51790-02」「51790-03」と、枝番が＋1で増えていく。

Chapter 3 システム7

きっぷの券面

きっぷの数字にはそれぞれ意味がある

きっぷについている番号は「券番」といい、別名「循環番号」とも呼ばれる。きっぷが何枚売れたかを記録するためのもので、4ケタの券番なら「0001」から始まり、1万枚売れると「0000」になる。ただし、必ず「0001」から始まるわけではなく、区間によっては途中からカウントが始まるきっぷもある。そのため、現在残っているきっぷから、その駅で何枚販売されていたのかを推測するのは難しい。

マルス端末によって発券されるマルス券の場合、券番は上5ケタと下2ケタの枝番で構成される。上5ケタのうち、頭の1ケタは「チェックデジット」と呼ばれ、券番の読み間違えなどを防ぐ役割を果たしている。残り4ケタを7で割った余りが、チェックデジットの数になる。

また、マルス中央装置を介さない発売(ローカル発売)の

発行会社

マルス券を発売した発行会社を表示している。国鉄の分割民営化によって印字されるようになった。写真のきっぷはJR東日本の駅で発券されたので、JR東日本を示す「2」が印字されている。

1 ……	JR北海道
2 ……	JR東日本
3 ……	JR東海
4 ……	JR西日本
5 ……	JR四国
6 ……	JR九州

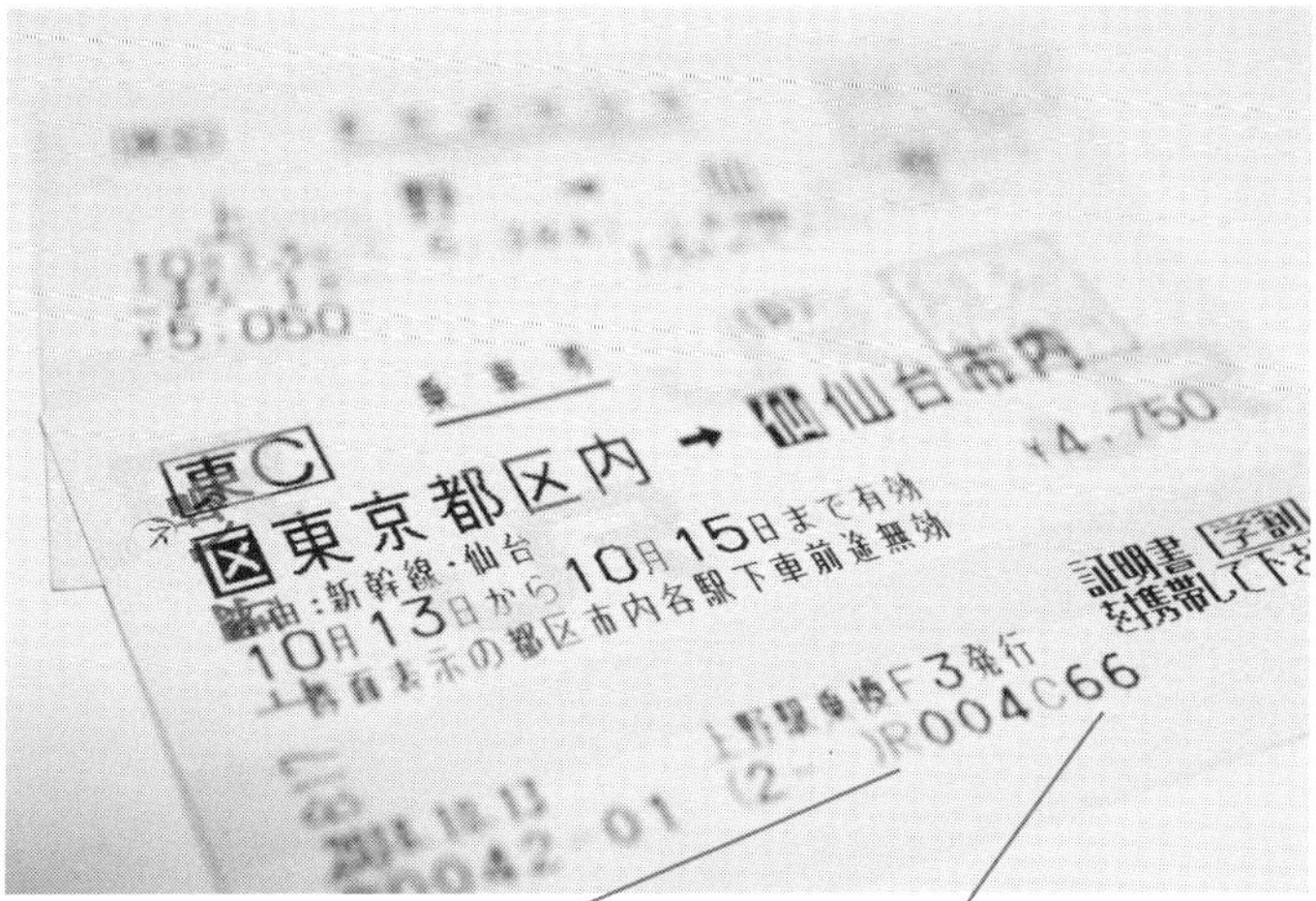

R通番

クレジットカードを利用して購入したときに付与される番号。発売額や取扱日、枚数、カード枚数などと紐付けされており、マルス端末で払い戻しの操作をするとき、これらの情報が一致していないと、カードに金額を戻すことができない。

誤取消防止符号

発券されたマルス券を手作業で取り消すとき、ヒューマンエラーによる誤った操作を防止するための表示。「C」はキャンセルのCで、2ケタの数字(「C99」を除く)で構成されている。券面の記載事項から自動的に算出される。

C制

クレジットカードなどで決済した場合に表示される。クレジットカードの種類で表示が異なる場合がある。

[東C]	JR東日本「ビューカード」での決済
[海C]	JR東海「エクスプレス・カード」での決済
[西C]	JR西日本「JR-WEST CARD」での決済

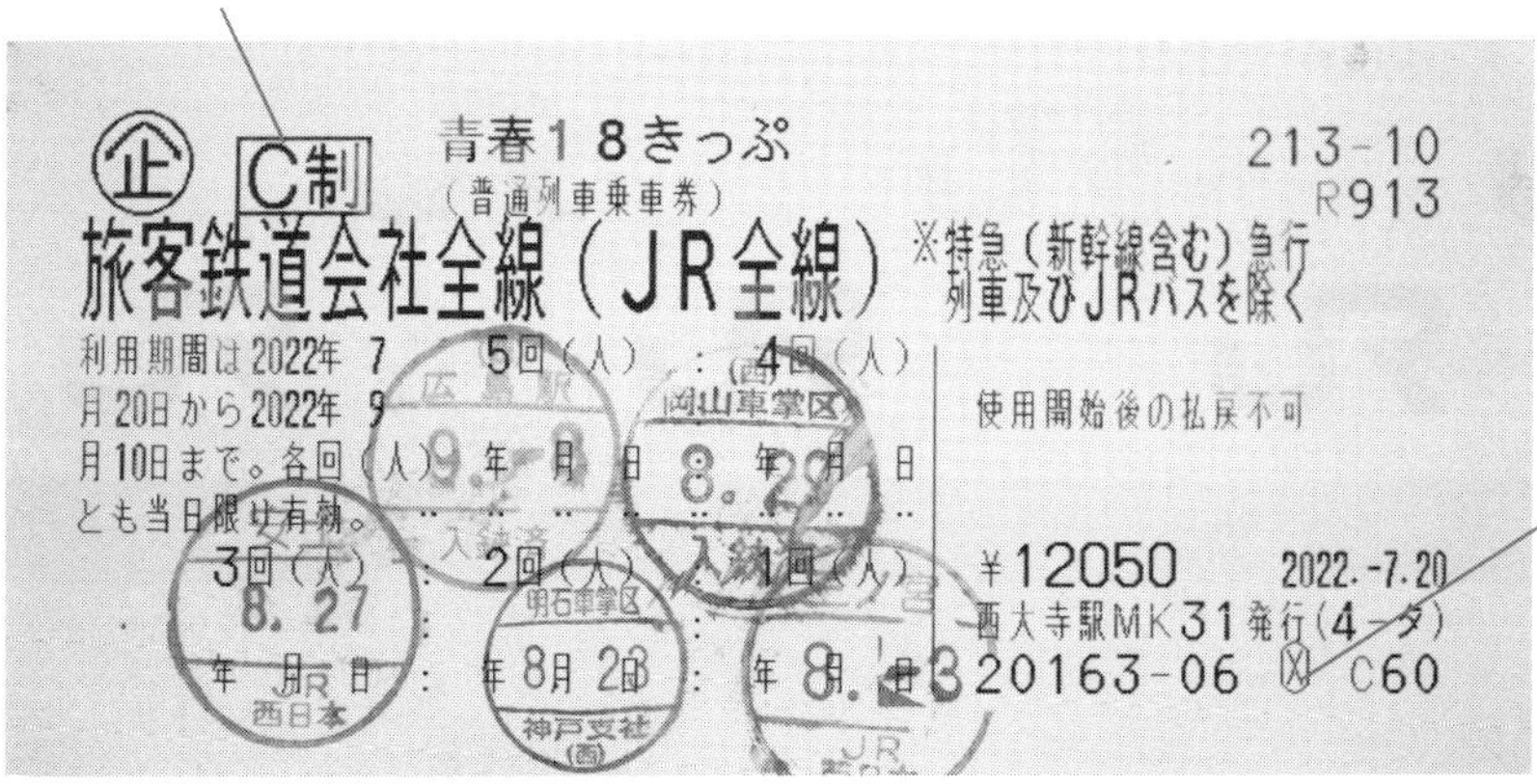

へそマーク

自動改札機に対応していないことを示すマークで、上下にやや長い丸印の中に×印が描かれている。

場合、下4ケタを3で割った余りに7を足した数字がチェックデジットになる。ハイフン以降の下2ケタ(枝番)は、1回の操作で発券された順番に付与される。

　マルス券の下部には、どのJRの会社で発券されたかを示す数字もある。例えば、新宿駅で買ったきっぷはJR東日本の「2」が印字される。また、乗車券が他の旅客鉄道会社にまたがったり、特急券などがJR他社管内のものの場合は、括弧内の右側にカタカナの「タ」が表示される。発行会社と他社関連の表示は、JR部内で収入管理を行うために用いられている。

　他にも、マルス券には手作業で取り消す際に誤操作を防ぐために表示される「誤取消防止符号」、クレジットカードによる発売を行ったことを示す「C制」などがある。これらは知らなくても日常生活に支障が生じることはないが、知っておくときっぷに対する理解が深まるので、知っておいて損はないはずだ。

Chapter
3
システム8
改札パンチ

旧国鉄・首都圏の鋏痕

鋏痕は全国に約140種類あるとされ、東京鉄道管理局では46種類あった。改札口に立って入鋏をする駅員は、鋏痕と駅の組み合わせを全部覚えていたという。

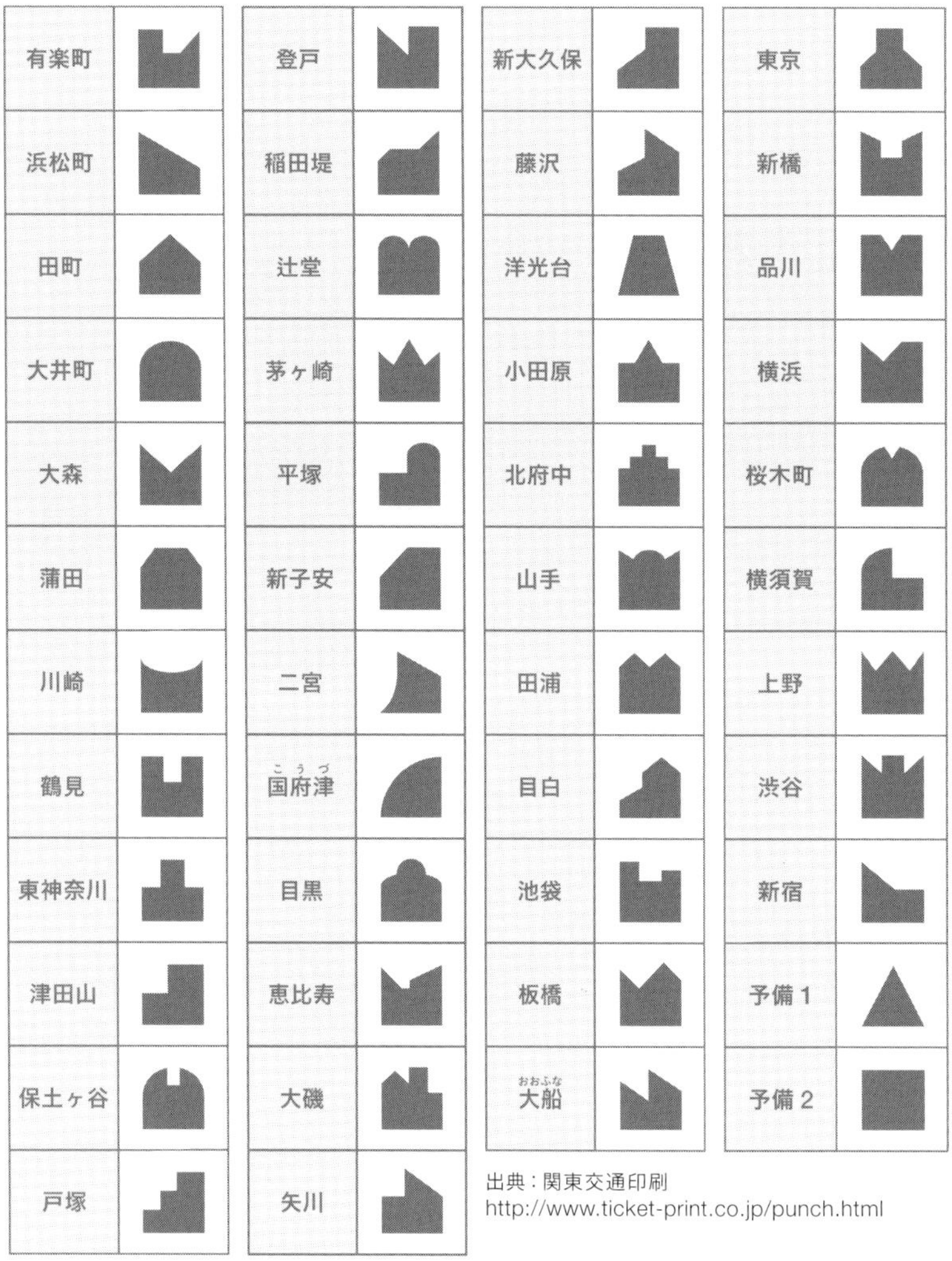

出典：関東交通印刷
http://www.ticket-print.co.jp/punch.html

旧国鉄時代は不正乗車が多く、あの手この手で改札に工夫をした。「予備鋏」を用いて使用開始時刻を判断したり、入鋏の位置を日付や時間で変えるなどして、多くの不正乗車を見つけたという。

職人が作り上げた"芸術品"の工具

駅の改札口において、入場時に使用開始(済み)であることを示すため、きっぷに「切れ込み」を入れた。その際に使用されたのが改札鋏《かいさつばさみ》で、「改札パンチ」「改鋏《かいきょう》」とも呼ばれる。持ち手部分が離れた「一般型」と、持ち手の先端同士が当たる「東鉄型」がある。日本で鉄道が開業された当初から、改札パンチは国内ほぼすべての鉄道事業者で用いられた。

きっぷに切れ込みを入れる行為を「入鋏《にゅうきょう》」、入れられた切れ込みを「鋏痕《きょうこん》」と呼ばれる。基本形は一辺が5㎜の正方形で、正方形の3つの辺の変化によって、さまざまな鋏痕ができあがる。秋田県や山形県には、例外的に6㎜角の駅もあったという。

初期の改札パンチはイギリス製だったが、まもなく国産のパンチが作られるようになった。最初に国産の改札パンチを作ったのは、東京・下谷に

改札パンチの種類

改札パンチは、持ち手部分が離れた「一般型」と、持ち手の先端同士が当たる「東鉄型」がある。無限に使えるわけではなく、5〜8回程度修理すると、元の切れ味には戻らなかったという。

一般型

持ち手部分の先端がニッパーのように離れており、一般工具のような形状をしている。

東鉄型

先端同士が当たった反動で動きが速くなり、速切りに向いている。そのため、乗客が多い東京管内で活躍した。

自動改札機が出回る前は、都心の駅でも駅員による入鋏作業が行われていた。

硬券きっぷに入れられた鋏痕。3つの辺の変化によって、さまざまな鋏痕ができあがる。

JRの有人改札は日付入りスタンプで入鋏済をあらわしている。

改札バサミが購入できる場所

本来、本職以外の用途では必要がない道具だが、近年はレトロ感も手伝い、鉄道ファンの間で人気を集めている。鉄道グッズ専門店のほか、中古ならネットオークションでも購入できる。

住む職人で、町工場でも作られた。棒状の鋼を切断し、ふいごで鍛造《たんぞう》や成形を行って完成させた。1つのパンチで800〜1万5000枚の硬券、約5万枚の軟券をきれいに切ることができたという。

さまざまな形がある入鋏による切れ込み

国鉄で使われていた鋏痕の数は約60種類で、どの駅でどの形を使うかは、それぞれの鉄道管理局が決めていた。国鉄では鋏痕の形がある程度はっきりしていたが、中小の私鉄では同じ鋏痕跡のパンチが複数の駅で使われたり、同じ駅でも時間によってパンチを変えたりしていた。

自動改札機の導入もあり、改札パンチはほぼ使われなくなったが、硬券を採用しているローカル線では今も現役で使われている。JRグループでも日付入りスタンプ(改札印)に置き換えられたが、2019年12月からはスタンプと併用して改札パンチを使用する事例も出ている。

COLUMN 3

全国に残るローカル線「硬券」の旅

- 銚子電鉄
- 大井川鐵道
- 島原鉄道
- 岳南電車

全国から姿を消しつつある硬券だが、今も現役で頑張る鉄道会社もある。
貴重な硬券を求めて、ローカル線を旅してみよう。

銚子電鉄

銚子電鉄は現在、6両の電車と1両の電気機関車が在籍する。2015年、銚電旧色復刻カラーとして運行を開始した。

現役で今もなお使われる硬券きっぷ

銚子電鉄は千葉県の東端に位置する銚子市の鉄道会社で、銚子―外川《とかわ》間の6・4㎞を結ぶ小さなローカル線だ。これまで何度も廃線や倒産の危機に見舞われたが、「ぬれ煎餅《せんべい》」や「まずい棒」の販売など、さまざまなアイデアで乗り越えてきた。「日本一のエンタメ鉄道」を目指す同社のきっぷは硬券で、ホームページでは硬券乗車券の発売も行っている。

2023年4月には、表面に自分の名前や連絡先が印字でき、裏面が銚子電鉄の乗車券になっている「乗車券付き硬券名刺」の販売が開始された。100枚の硬券名刺を購入すれば、100人分の乗車実績が残ることになる。

静岡県の大井川鐵道は基本的に硬券で発売されているが、軟券や補充券も用意されている。また、JRの特定の駅（静岡県内の駅、東京

大井川鐵道

1958年、南海高野線の急行・特急用として製造された21000系。高野山への急勾配を上り、河内平野を時速110kmで走るという高性能を誇った。

湖上に浮かぶ秘境駅として知られる奥大井湖上駅。両脇には鉄橋「奥大井レインボーブリッジ」が架かっている。

「海が見える駅」として知られる島原鉄道の古《こ》部《べ》駅。

岳南電車

大三東駅に到着する島原鉄道のキハ20系気動車。島原鉄道は諫早《いさはや》―島原港間を結ぶ全長43.2kmのローカル線で、1日乗り放題になるきっぷも発売されている。

島原鉄道

製紙工場をバックに走る岳南電車の列車。夜間は工場の夜景と相まって、神秘的な光景を見ることができる。

岳南電車はすべての駅から富士山を眺めることができ、全駅のホームに富士山ビュースポットがある。

駅、名古屋駅など)との連絡乗車券もあり、1枚の乗車券で大井川鐵道とJR線を乗り継いで乗車できる。

大井川鐵道は、金谷《かなや》―千《せん》頭《ず》間の大井川本線(全長39・5㎞)と千頭―井川間の井川線(全長25・5㎞)の2路線からなる。通年で蒸気機関車(SL)を運転しており、レトロな雰囲気を感じながら郷愁の旅が楽しめる。

大井川鐵道と同じ静岡県にある岳南《がくなん》電車も、硬券きっぷが現役で使われている。富士市内の吉原駅と岳南江《えの》尾《お》駅を結ぶ全長9・2㎞のローカル線で、「全駅から富士山が望める鉄道」として知られる。2022年には、カプセルに使用済み硬券が入った「いにしえの硬券ガチャ」が発売された。

長崎県の島原鉄道も硬券を扱うローカル線で、収集のために遠方から足を運ぶ鉄道ファンも多い。6つの有人駅で発売しており、多比良《たいら》駅では各駅への乗車券や入場券など、約20種類を扱っている。

PART

きっぷのルール ④

運賃として通常支払うきっぷ。その計算や距離などは細かく設定されている。ここではその基本的な考え方、ルール、払い戻しやキャンセルした場合の流れについて解説する。

きっぷ

Chapter 4

ルール1

運賃計算と営業キロ

JRの普通運賃表

JR各社の運賃設定は、本州3社（JR東日本・JR東海・JR西日本）とJR北海道・JR四国・JR九州で違いがある。また、幹線と地方交通線でも適用される運賃が異なる。

JR各社の運賃表

営業キロ（運賃計算キロ）	本州3社幹線の片道運賃（基準額）	JR北海道幹線の片道運賃	JR北海道地方交通線の片道運賃	JR四国の片道運賃	JR九州の片道運賃
km					円
1〜3	150	200	200	190	170
4〜6	190	250	250	240	210
7〜10	200	290	300	280	230
11〜15	240	340	340	330	280
16〜20	330	440	440	430	380
21〜25	420	540	540	530	480
26〜30	510	640	640	630	570
31〜35	590	750	750	740	660
36〜40	680	860	860	850	760
41〜45	770	970	970	980	860
46〜50	860	1130	1130	1080	950

JR地方交通線の運賃表

営業キロ（運賃計算キロ）	本州3社地方交通線の片道運賃（基準額）	JR北海道地方交通線の片道運賃
km		円
1〜3	150	200
4〜6	190	250
7〜10	210	300
11〜15	240	340
16〜20	330	440
21〜23	420	540
24〜28	510	640
29〜32	590	750
33〜37	680	860
38〜41	770	970
42〜46	860	1130

JR四国・JR九州の地方交通線のみ乗車の場合の特定運賃表

擬制キロ	営業キロ	JR四国特定運賃	JR九州特定運賃
	km		円
4	3	170	180
11	—	240	260
16	—	290	300
17	15	290	300
21	—	400	400
22	—	400	400
26	23	490	500
31	28	570	610
36	32	670	730
41	37	780	820
46	41	870	930

発着区間がJR四国・JR九州の地方交通線のみの場合は、「擬制キロ」が導入されている。基本となる営業キロを1.1倍したもので、実際の物理的な距離とは異なる。

運賃計算例

❶JR常磐線 水戸—日立間
JR東日本・幹線
営業キロ　31.6km→運賃 590円

❷JR富良野線 旭川—美瑛間
JR北海道・地方交通線
営業キロ　23.8km→運賃 640円

営業キロは①のほうが長いが、JR北海道の地方交通線はJR東日本の幹線よりも運賃設定が割高なので、運賃は②のほうが高い。

適用される運賃は路線や会社で異なる

鉄道で旅行する際、必ず支払うのが「運賃」だ。旅客や貨物を輸送する際に鉄道会社へ支払う代金のことで、「運び賃」が言葉の由来とされる。鉄道の旅客運賃は一般的に普通列車一般車両の自由席を利用するための対価をいい、特急列車の指定席や特別車両などを利用するために支払う「料金」と区別される。

運賃の額は、鉄道会社や乗車する区間の距離（営業キロ）によって決まる。営業キロは基本的に駅と駅の間の実際の距離に基づいており、営業キロの1km未満は切り上げられる。このキロ数によって、普通運賃や定期運賃の額を計算する。

乗車する区間が同一方向に連続する場合は、通算して計算される。一方で、一度通った駅を再び通る場合は、その駅で打ち切って計算される。運賃の額は駅間ごとに定められた営業キロの総和に応じて決

東京の電車特定区間

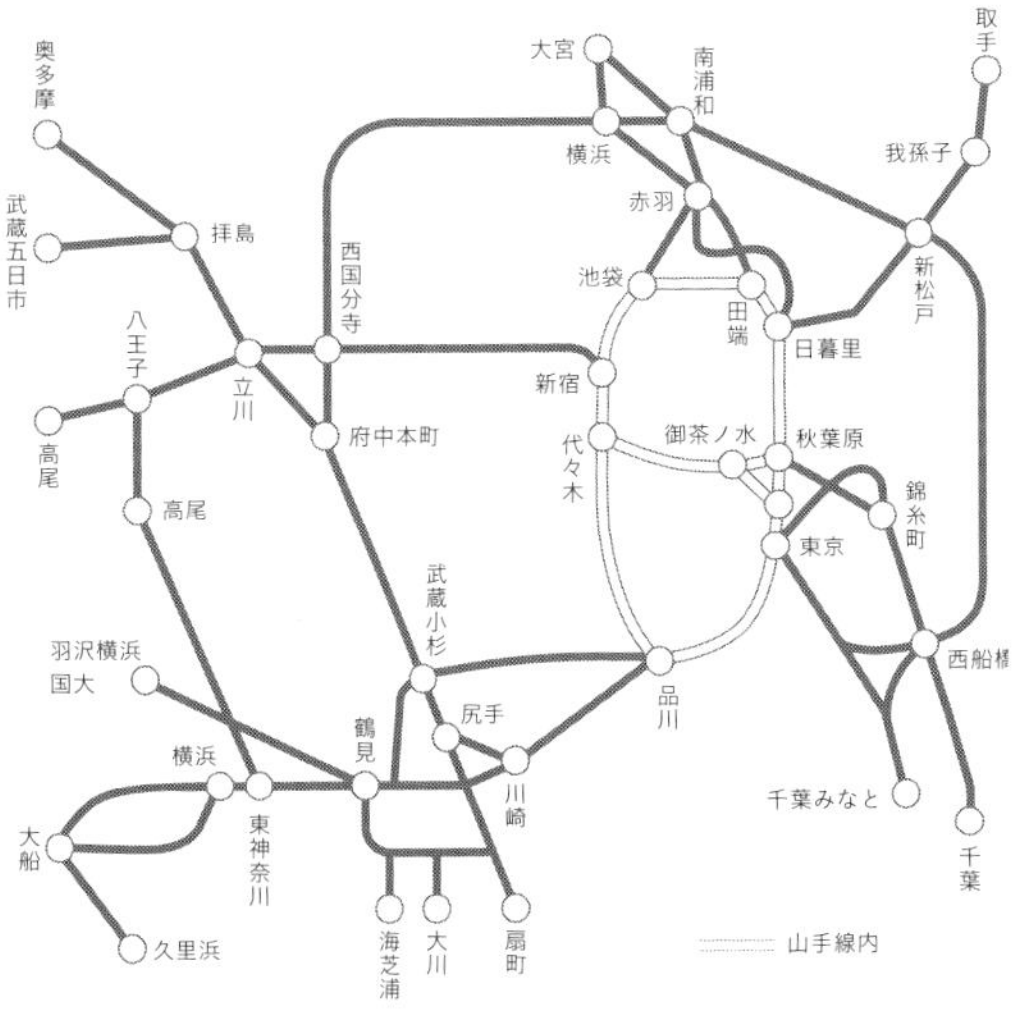

大阪の電車特定区間

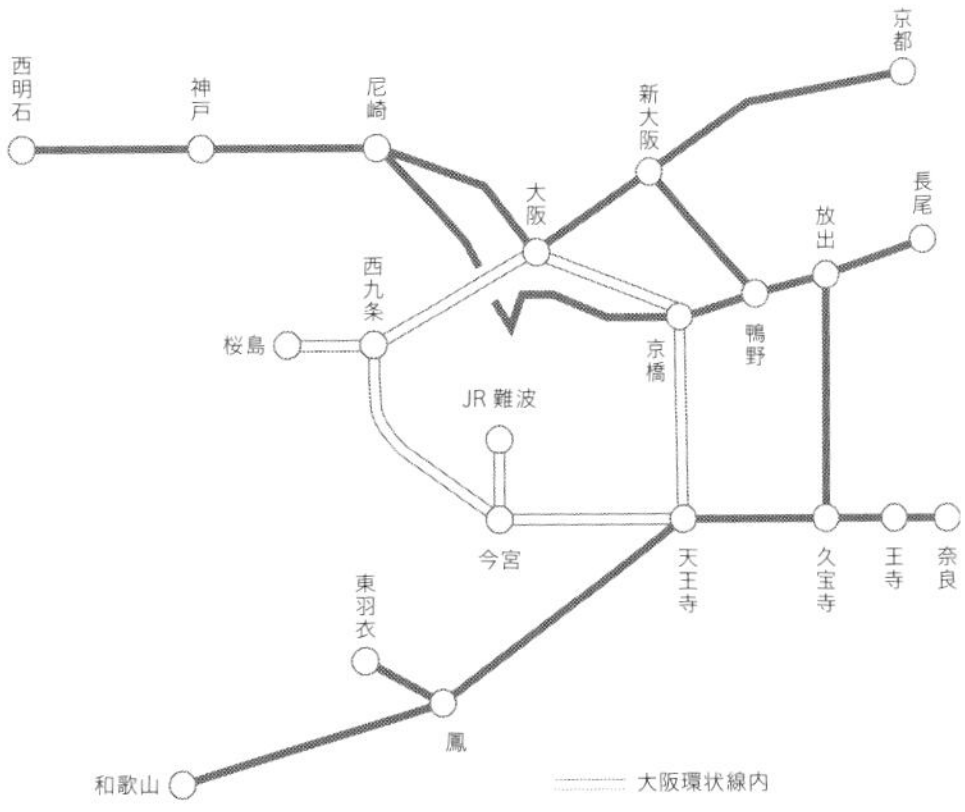

東京・大阪の電車特定区間内（上図の範囲）のみ乗車する場合は、下表の運賃額となる。

電車特定区間の運賃表

電車特定区間の運賃設定は、東京（首都圏）と大阪（京阪神）でも違いがある。

営業キロ	片道運賃	
	東京	大阪
km		円
1〜3	150	140
4〜6	170	170
7〜10	180	190
11〜15	230	230
16〜20	320	320
21〜25	410	410
26〜30	490	480
31〜35	580	570
36〜40	660	660
41〜45	740	740
46〜50	830	820

山手線内・大阪環状線内の運賃表

山手線内・大阪環状線内（上の図の＝線の区間）のみを利用する場合は、下表の運賃となる。

営業キロ	片道運賃	
	東京	大阪
km		円
1〜3	150	140
4〜6	170	170
7〜10	180	190
11〜15	210	210
16〜20	280	270

「東京山手線内」は、山手線内に囲まれている中央線・総武線も対象となる。

「大阪環状線内」は、桜島線全線と関西本線天王寺―JR難波間も含む。

められるが、日本の鉄道のように、距離に応じて運賃を細かく設定している国は少ない。

東京と大阪に設定された特殊区間

また、JRの路線は「幹線」と「地方交通線」に区分けされる。これは国鉄末期の1981年に分類されたもので、JRにも引き継がれている。一般的な時刻表の索引地図では、幹線が黒色、地方交通線は青色で表示されており、地方交通線は幹線よりも運賃が割高に設定されている。

一方で、東京（首都圏）と大阪（京阪神）の利用者が多い区間には、「電車特定区間」として少し割安な運賃が適用される。東京山手線内区間と大阪環状線内区間は、電車特定区間よりもさらに割安な運賃が設定されている。京阪神エリアでは、2025年4月1日から大阪環状線内、電車特定区間に適用している運賃水準を統合する予定だ。

幹線＋地方交通線の運賃計算方法

JRが地方交通線に認定した路線には、幹線運賃より割高な地方交通線運賃が適用される。幹線と地方交通線では賃率が異なるので、運賃計算も多少複雑になる。

土浦から常陸大宮までの距離は、土浦—水戸間の営業キロ51.5kmに水戸—常陸大宮間の換算キロ25.7kmを加えた計77.2km。端数を切り上げた78kmを幹線の運賃表に当てはめ、運賃は1340円ということになる。

「奥久慈清流ライン」の愛称が付けられている水郡線。

常磐線は「本線」「新幹線」を名乗らないJR線の中で、最も距離が長い路線。

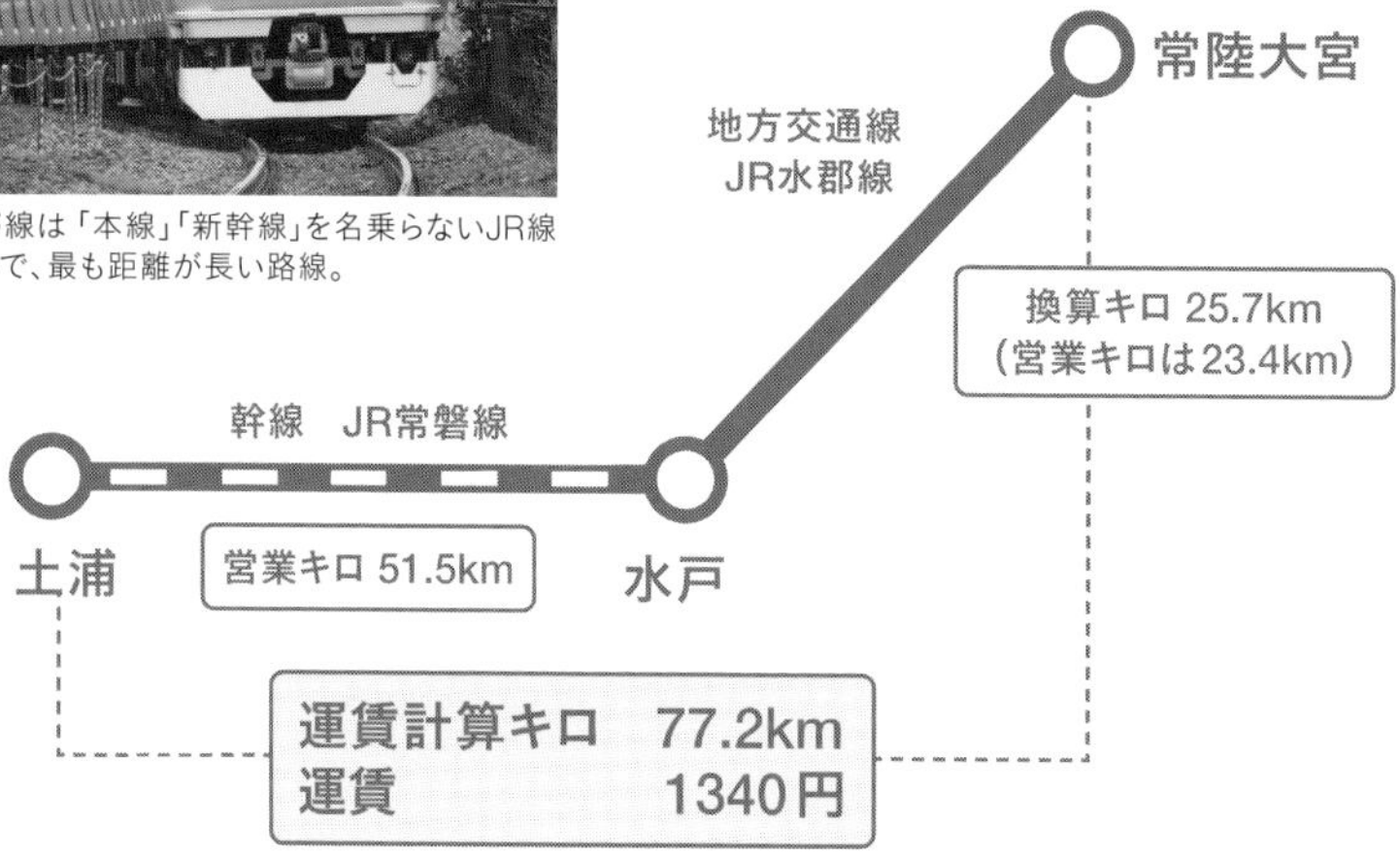

運賃が割高な第三セクター路線

近年、新幹線の開業で、JRから分離されて第三セクター化する路線が増えている。安定した経営実績をあげる三セク鉄道もあるが、そもそも鉄道の需要が小さい地域であることが多いので、経営が苦しい事業者が多い。多くの路線で運賃の値上げを余儀なくされ、利用者がさらに少なくなるという負のスパイラルに陥っている。

北陸新幹線の延伸開業にともない誕生した「えちごトキめき鉄道」。

Chapter 4 ルール2

さまざまな運賃のルール

「換算キロ」を導き出す方法

幹線と地方交通線をまたがって乗車する場合は、地方営業線の営業キロをそのまま当てはめるのではなく、営業キロを割増しさせた「換算キロ」で計算する。例えば、水郡線の水戸―常陸大宮間は営業キロが23・4㎞だが、換算キロは25・7㎞となる。幹線の営業キロと地方交通線の換算キロまたは擬制キロを合算したものを「運賃計算キロ」といい、幹線と地方交通線をまたがって利用する際の運賃計算で使用する。

一般に広く流通している時刻表には、地方交通線の営業キロの横に換算キロの欄がある。営業キロを1・1倍にして、小数点第2位を四捨五入した数値が換算キロとなる。ただし、幹線と地方交通線をまたがって乗車する区間の営業キロが10㎞までの場合は、地方交通線の運賃表に当てはめて算出するという特例が存在する。

JR本州3社と「三島会社」にまたがる場合

JR北海道・JR四国・JR九州の「三島会社」は、本州3社（JR東日本・JR東海・JR西日本）とは別の高めの運賃設定になっている。そのため、またがって乗車する際は複雑なルールが存在する。

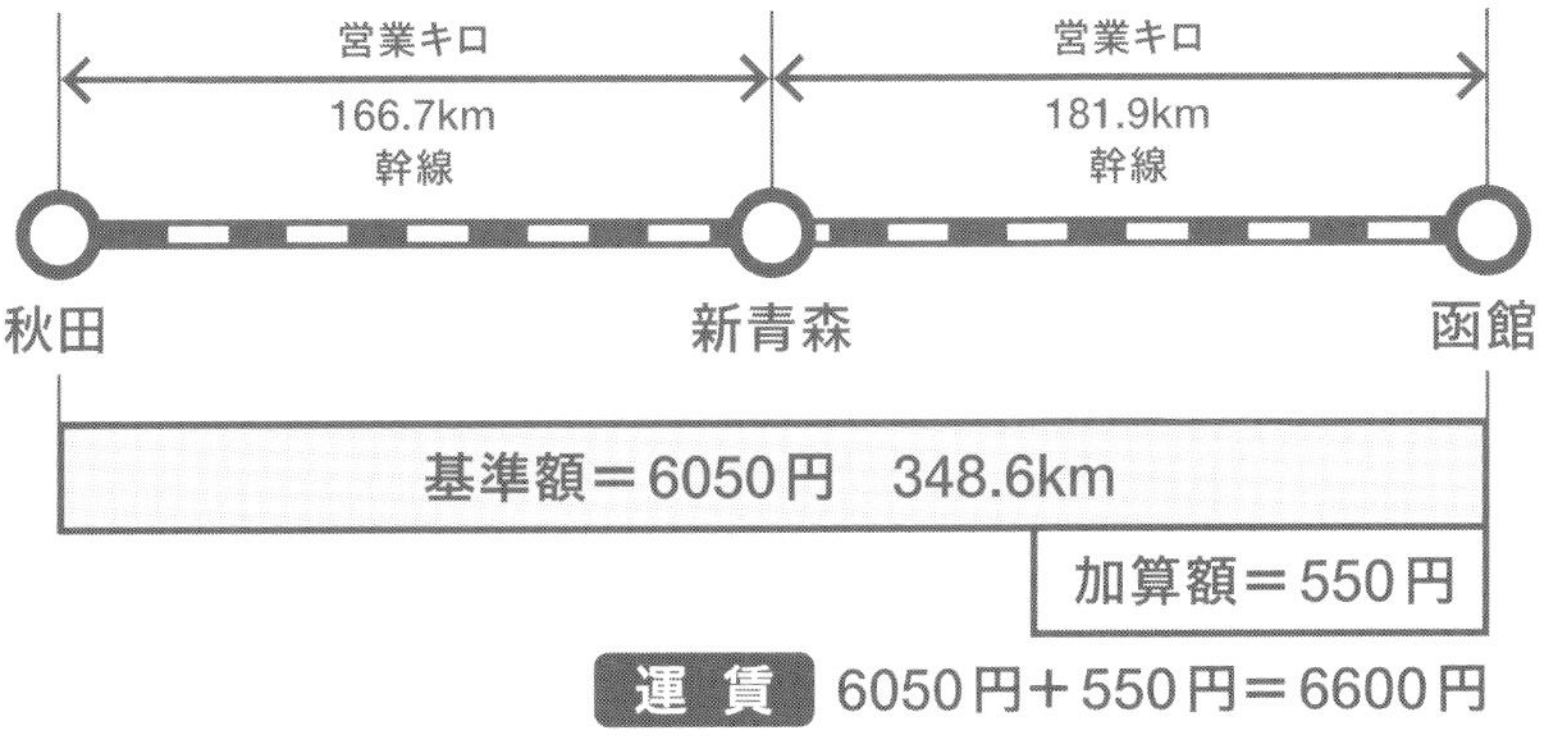

秋田—函館間の営業キロは348.6km。1km未満の端数を切り上げて349kmとし、運賃額は6050円となる。次に、新青森—函館間がJR北海道なので、その営業キロ（166.7km）から加算額550円が算出される。基準額6050円と加算額550円を足して、運賃は6600円となる。

JR本州3社と「三島会社」にまたがって乗車する場合の加算額表

営業キロ（運賃計算キロ）	加算額		
	JR北海道	JR四国	JR九州
km			円
1〜3	—	—	20
4〜6	—	—	20
7〜10	—	—	30
11〜15	—	—	40
16〜20	—	210	50
21〜25	—	220	60
26〜30	—	230	60
31〜35	—	260	70
36〜40	180	280	80
41〜45	—	320	90

※JR四国の加算額には、児島—宇多津間の加算運賃（110円）も含まれている。

運賃計算の境界駅

本州3社と「三島会社」またがって乗車する場合、運賃計算の境界駅は下記のとおりとなる。

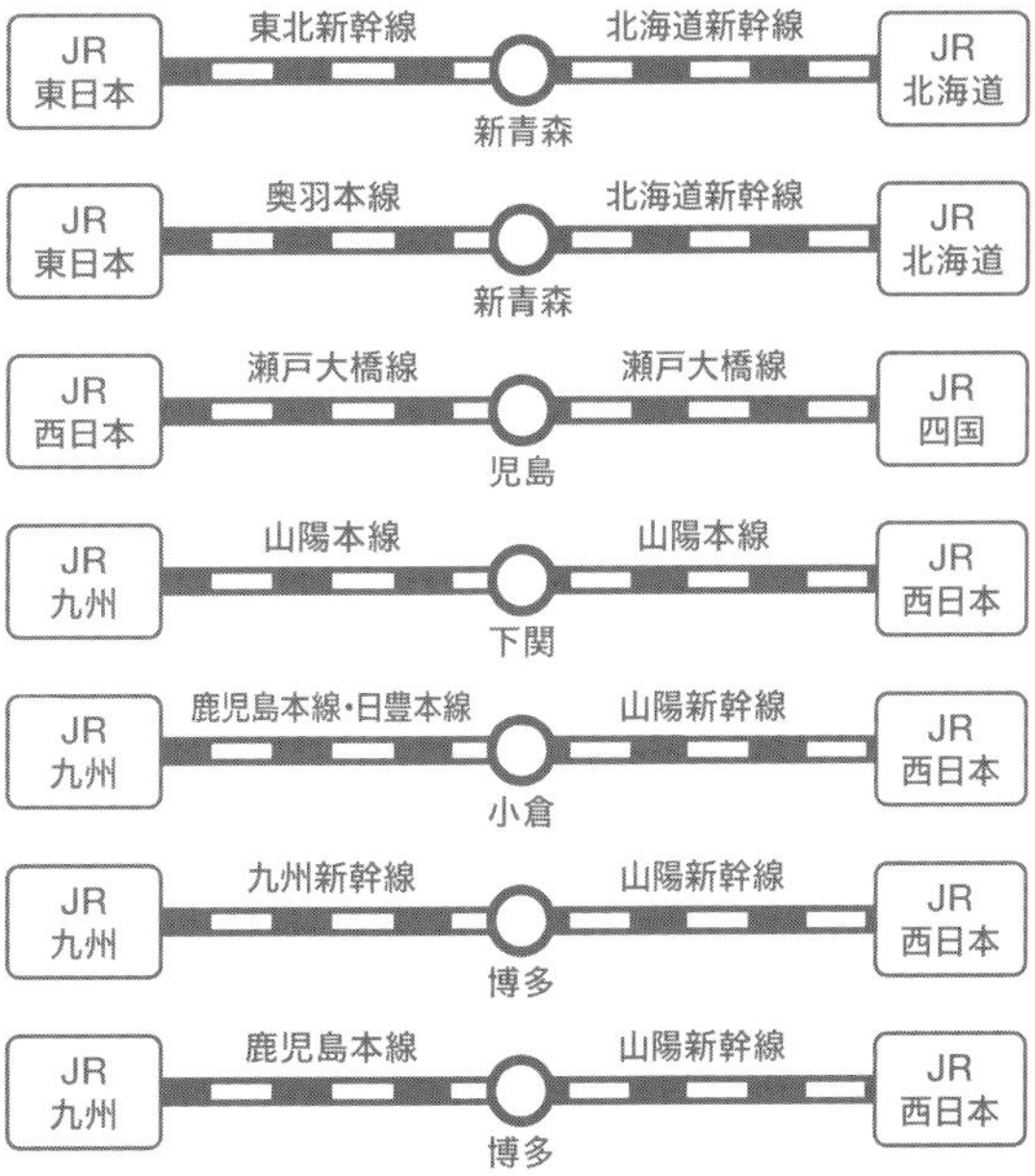

JRの運賃には設定に違いがある

JRは本州3社（JR東日本・JR東海・JR西日本）と、JR北海道・JR四国・JR九州のいわゆる「三島会社」の間にも、運賃設定に違いがある。そのため、本州3社と三島会社の路線をまたがって利用する際も、独自の運賃計算を行う必要がある。

まずは利用する全区間の運賃計算キロを、営業キロ・換算キロ・擬制キロから計算していく。この運賃計算キロを本州3社の幹線運賃表に当てはめ、「基準額」を算出する。次に、三島会社だけの運賃計算キロを別に算出し、これを加算額表に当てはめて「加算額」を出す。基準額と加算額を足した額が、利用区間の運賃となる。

現在は便利な乗換検索サイトなどがあるので、自分で運賃を計算する必要は特にない。しかし、運賃のメカニズムを知っておけば、鉄道の旅もさらに楽しくなるはずだ。

Chapter 4 ルール3

特急・急行券のルール

特急料金は「営業キロ」で計算

特急券や急行券の料金を計算する際には、「営業キロ」を使用する。「換算キロ」や「擬制キロ」は、料金の計算と関係がない。

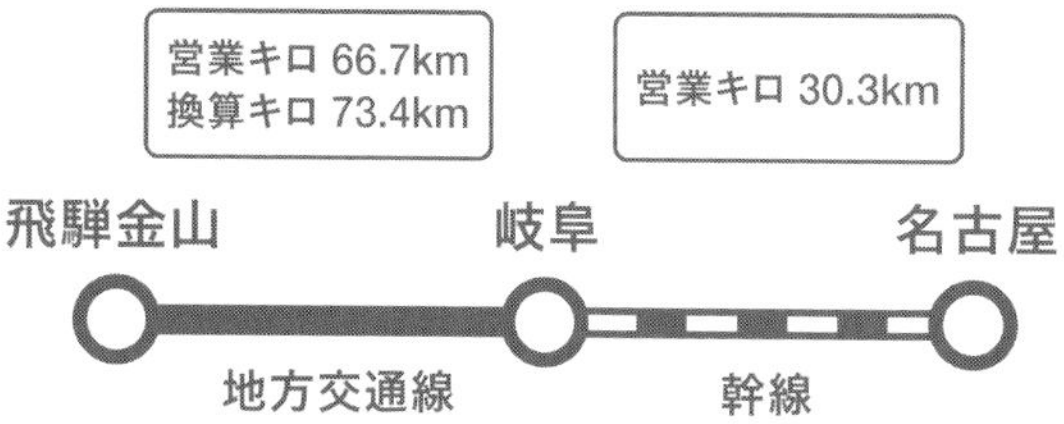

運賃＝1980円（運賃計算キロ 103.7km）
特急料金＝1730円（営業キロ 97.0km）

東海道本線（幹線）と高山本線（地方交通線）を連続して走る特急「ひだ」で名古屋から飛騨金山まで行く場合、運賃は名古屋―岐阜間の営業キロ30.3kmと岐阜―飛騨金山間の換算キロ73.4kmを足した103.7kmの金額（1980円）である。一方、特急料金は30.3kmに岐阜―飛騨金山間の営業キロ66.7kmを加えた97.0kmの金額（1730円）となる。

名古屋または大阪から、東海道本線・高山本線を経由して高山・飛騨古川・富山まで行く特急「ひだ」。

料金計算では営業キロを用いる

特急・急行列車に乗るのに必要な特急券、急行券の料金は、乗車する距離に応じて異なる。料金の区分は50㎞ごと、または100㎞ごとに定められている。

料金を計算する際には、運賃と同様に「営業キロ」を使用する。地方交通線を走る特急も存在するが、「換算キロ」や「擬制キロ」は料金の計算には関係がない。

特急・急行料金は鉄道会社によって異なり、JRも在来線、新幹線で数種類ある。在来線には「A特急料金」と「B特急料金」があり、B特急料金のほうが安い設定である。また、同じB特急料金でも、JR東日本・JR西日本・JR九州で異なる。

新幹線の特急料金は、JR東日本・JR北海道・JR西日本（北陸新幹線）、JR東海・JR西日本（山陽新幹線）、JR九州によって異なる。さらに、「のぞみ」「はや

4段階に分かれるJR特急料金

「繁忙期」は「通常期」の200円増し、逆に「閑散期」は「通常期」の200円引き。また、「最繁忙期」は「通常期」よりも400円増しとなる。

JR指定席特急料金

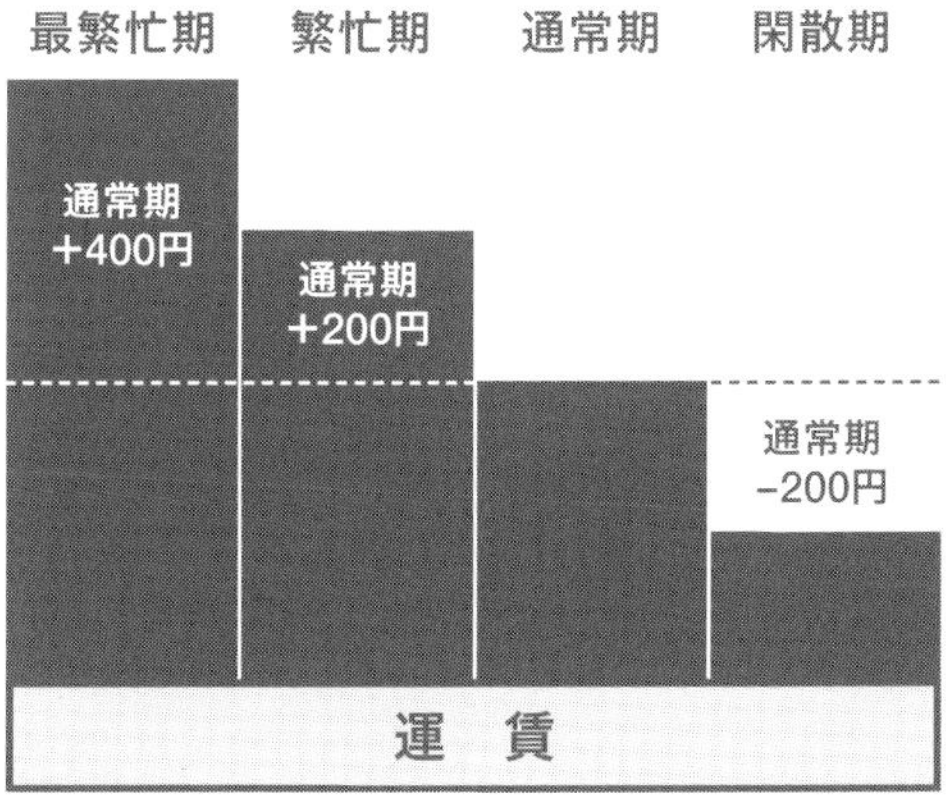

2023年8月の指定席特急料金カレンダー

JR東日本（北海道新幹線・北陸新幹線含む）

日	月	火	水	木	金	土
		1	2	3	4	5
6	7	8	9	10	11	12
13	14	15	16	17	18	19
20	21	22	23	24	25	26
27	28	29	30	31		

JR東海・JR西日本・JR四国・JR九州

日	月	火	水	木	金	土
		1	2	3	4	5
6	7	8	9	10	11	12
13	14	15	16	17	18	19
20	21	22	23	24	25	26
27	28	29	30	31		

最繁忙期　繁忙期　通常期　閑散期

JR東日本とJR東海・JR西日本・JR四国・JR九州で、「最繁忙期」の設定時期には違いがある。

新幹線の「営業キロ」

新幹線は高速で走るために直線的なルートでつくられたので、在来線よりも実際の距離は短い。例えば、東海道新幹線の東京―新大阪間の実キロは515.4kmだが、営業キロは在来線と同じ552.6km。東海道新幹線は東海道本線の線増として建設された経緯があるので、在来線と同じ距離が適用されているのだ。

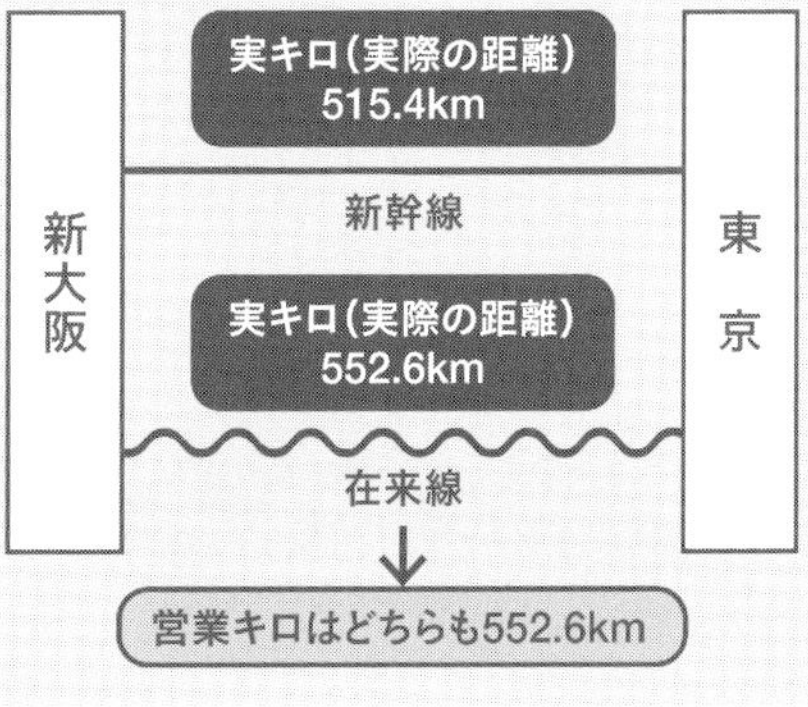

ぶさ」「みずほ」を利用する場合は、他の列車と比べて割高な特急料金が設定される。

時期によって異なる特急・急行券の料金

また、JRは「通常期」「繁忙期」「最繁忙期」「閑散期」と、利用日によって特急料金に差をつけている。最繁忙期は年末年始やGW、お盆、閑散期は1月・2月・6月・9月・11月・12月の平日などに設定されている。最繁忙期は通常期の400円増し、繁忙期は通常期の200円増し、閑散期は通常期より200円引きとなる。

他にも、JRの特急料金にはさまざまな"例外"が存在する。例えば、特急「成田エクスプレス」の渋谷―千葉間は品川経由で営業キロが53・2kmだが、特急料金は50km以下のA特急料金と同額に設定されている。これは、列車特定区間が適用されて50km以下に抑えられている新宿―千葉間のA特急料金より高くなるのを防ぐための措置である。

Chapter
4
ルール4
有効期間と途中下車

乗車券の有効期間

有効期間は、営業キロ200kmごとに1日ずつ延びる。ただし、100km未満の距離だと有効期間は1日に限られる。

営業キロ	100km未満	200kmまで	400kmまで	600kmまで	800kmまで	1000kmまで	1200kmまで	1400kmまで	1600kmまで
有効期間	1日	2日	3日	4日	5日	6日	7日	8日	9日

※1601km以上の場合は、200kmごとに1日を加える

近郊区間に含まれるかどうかで有効期間が異なる

松本—黒磯
営業キロ 371.2km

東京近郊区間は、北は福島県の浪江や栃木県の黒磯、西は静岡県の熱海や長野県の松本と広い範囲に及ぶ。松本—黒磯間は営業キロが371.2kmだが、東京近郊区間に含まれているので、有効期間は1日限り。しかし、近郊区間を1駅でも外せば、きっぷは3日間有効となる。

営業キロ200kmごとに有効期間が1日延びる

鉄道のきっぷには、「当日限り有効」「○月△日から□日まで有効」といった有効期間が記載されている。営業キロが100kmまでの区間は1日限りだが、基本的には200kmごとに1日分増えていく。400kmまでなら3日間、600kmまでなら4日間有効となる。

　有効期間は、通常はきっぷを購入した日から始まる。使用開始日が指定されている場合は、その日からとなる。例えば、東京から大阪までの営業キロは556・4kmなので、同区間のきっぷを購入した場合、有効期間は4日間となる。ちなみに、乗車中に有効期間が終了した場合でも、途中下車しなければ、乗車券の最終着駅までそのまま乗り続けることができる。

　東京・仙台・新潟・大阪・福岡の近郊区間は、この区間内のみを走る場合、営業キロにかかわらず途中下車ができ

東京近郊区間

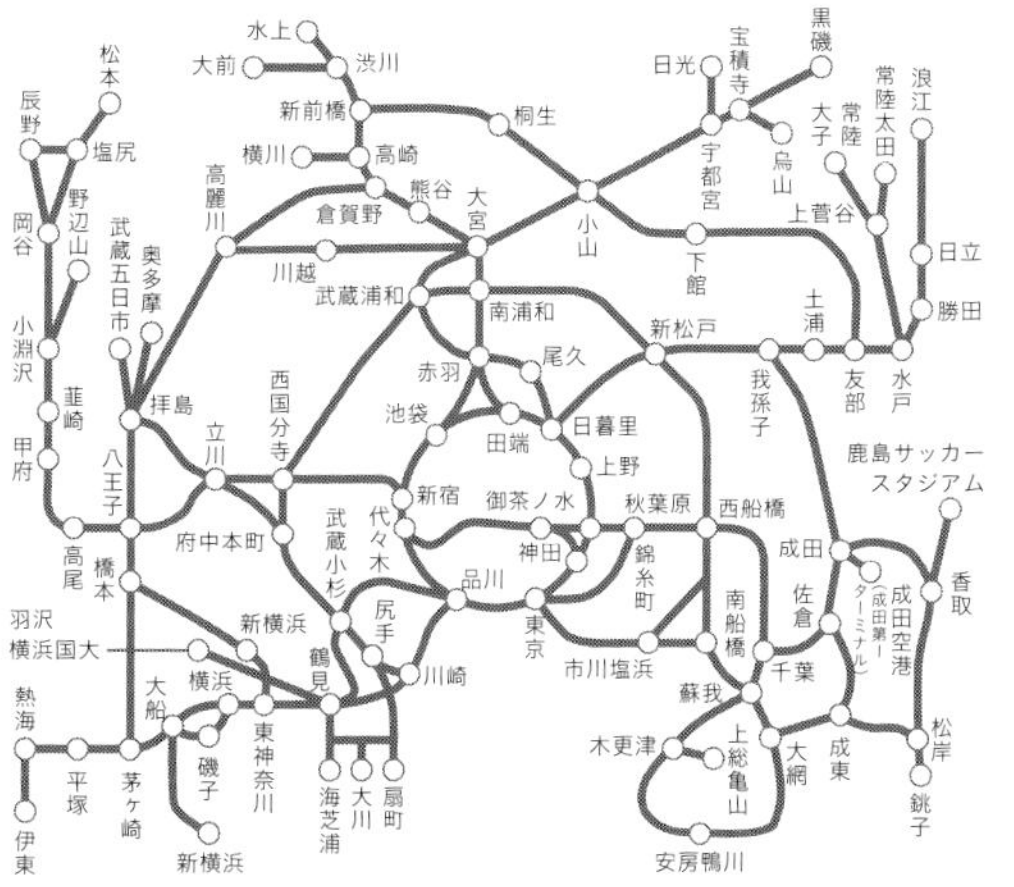

大阪近郊区間

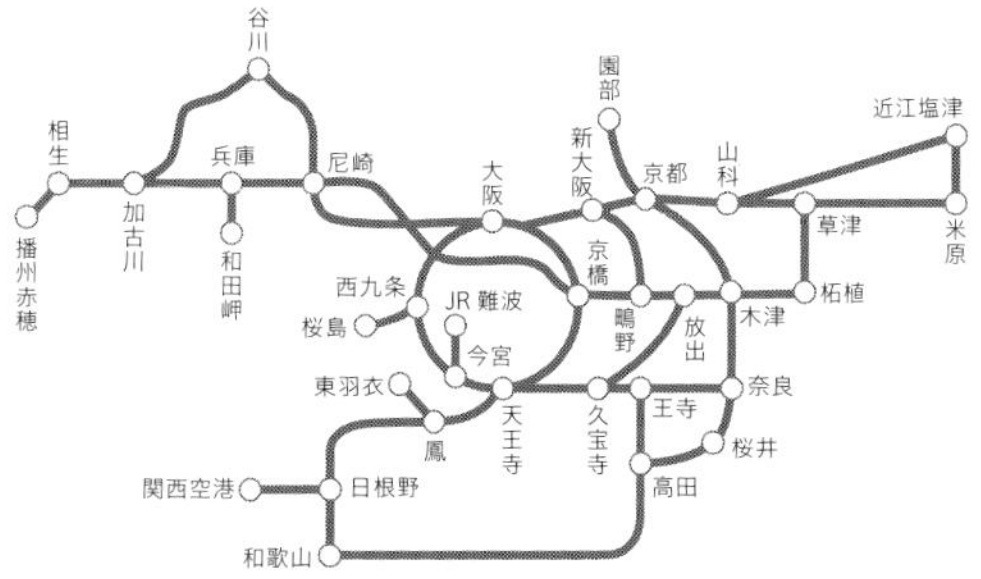

福岡近郊区間

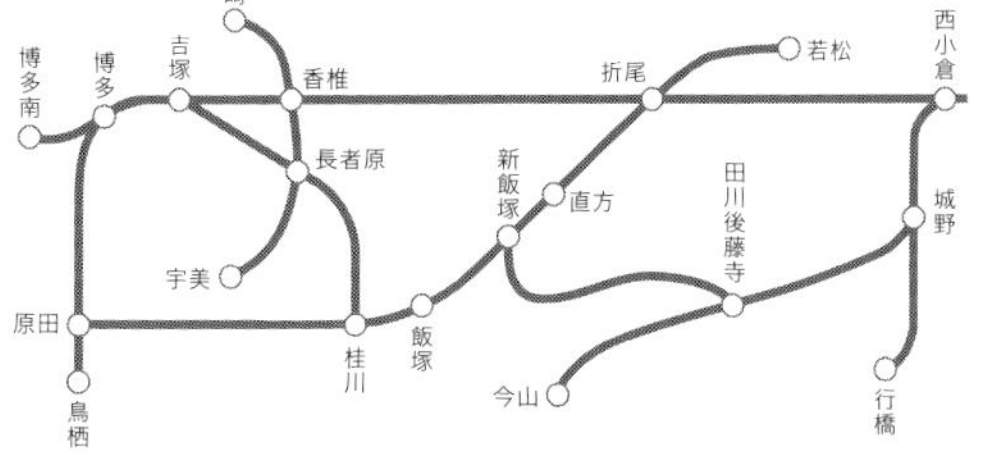

仙台近郊区間

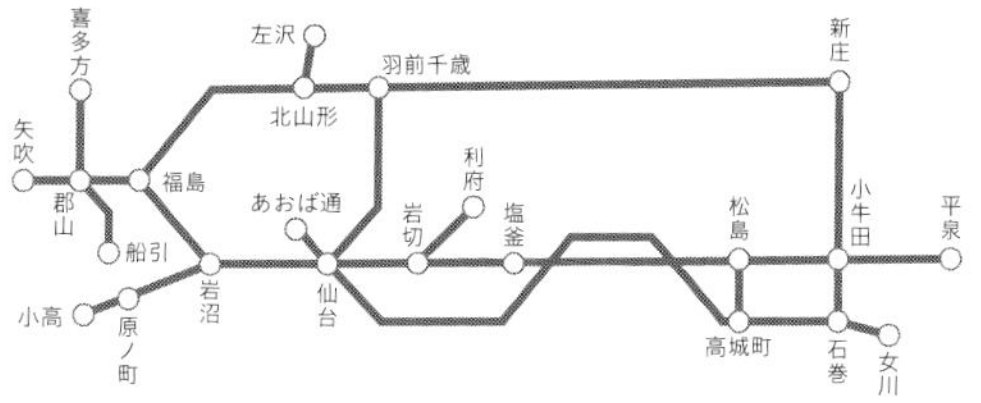

仙台近郊区間

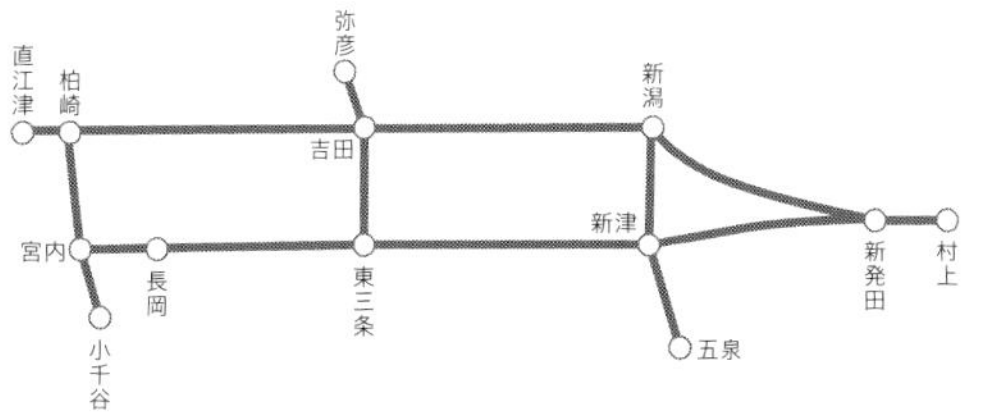

運賃は乗れば乗るほど割安に

きっぷの有効期間は均等の距離で日数が延びていくが、運賃は遠距離になるほど、1kmあたりの運賃が安くなる。例えば、JR東日本の幹線運賃は、300kmまでは1kmあたり16.2円。しかし、301km以上だと1kmあたり12.85円、601kmからは1kmあたり7.05円となる。東京から大阪までのきっぷを買うなら、複数に分けて買うよりも、1枚で買ったほうがおトクなのだ。

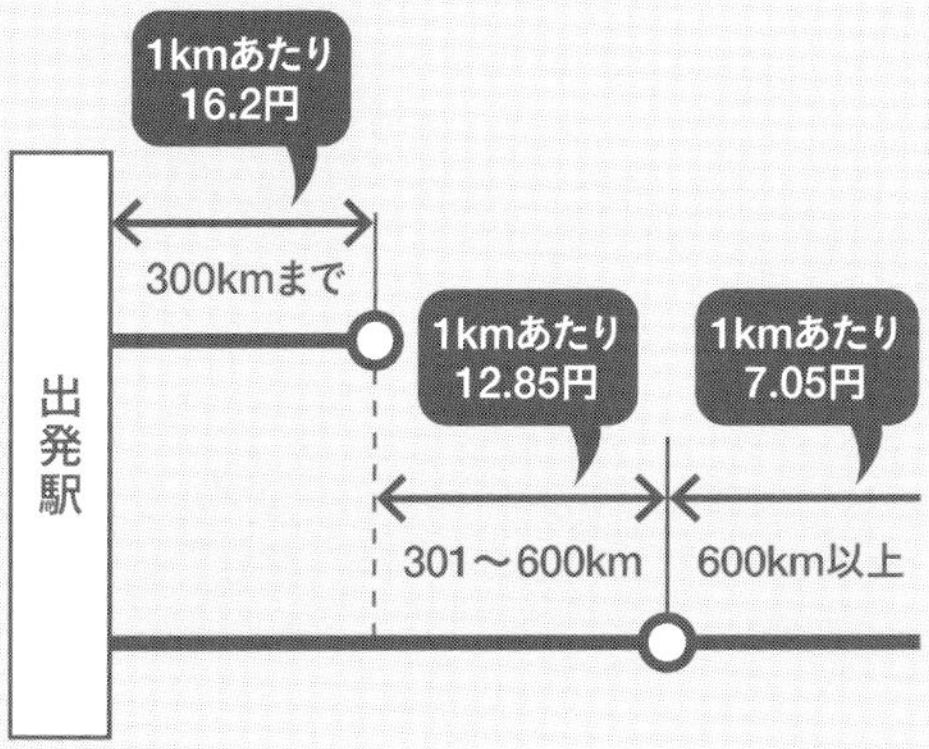

ない。途中で下車する場合は、実際に乗車した区間の運賃と比較して、不足している場合はその差額を支払う。また、どんなに離れていても、有効期間は１日限りである。

長距離きっぷなら途中下車もＯＫ

乗車券の区間内で改札口から出る途中下車は、片道の営業キロが１０１km以上となる乗車券に適用される。例えば、東京－越後湯沢間は片道の営業キロが１９９・２kmなので、後戻りしない限り、何回でも途中下車できる。途中下車できる乗車券は、自動改札口に通しても回収されずに送り出てくる。そのきっぷを再び改札に投入し、入場することができる。

ただし、交通系ＩＣカードには途中下車がなく、途中下車のたびに精算される。また、都区内・特定市内発着となる乗車券では、同一の都区内・特定市内の駅では途中下車ができない。東京・山手線内発着となる乗車券も同様である。

Chapter 4 ルール5

きっぷの変更

乗車変更のポイント

乗車券類の変更には、さまざまなポイントがある。覚えておくと、いざというときに便利だ。

乗車変更は1回限り

乗車券類の変更は１回だけ。変更が２回目となる場合は、駅や旅行センター（一部除く）、主な旅行会社で払い戻しのうえ、希望のきっぷを買い直す必要がある（払い戻し手数料も必要）。

同じ種類のきっぷにしか変更できない

「乗車券→特急券」など、異なる券種への変更は不可。同じ特急券なら、普通車からグリーン車（特急券＋グリーン券）への変更は可能。

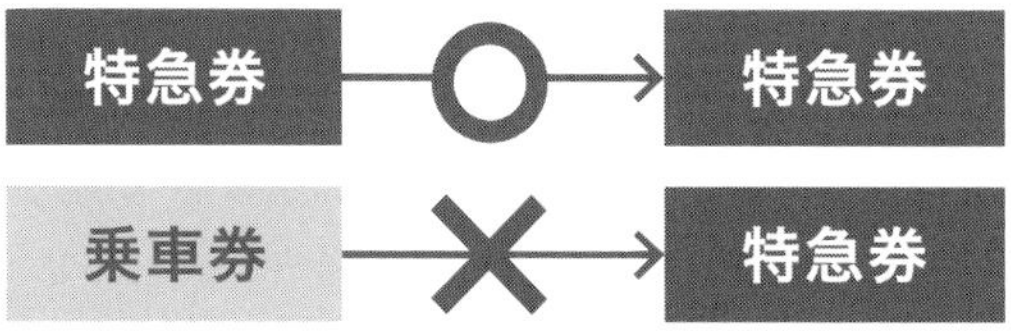

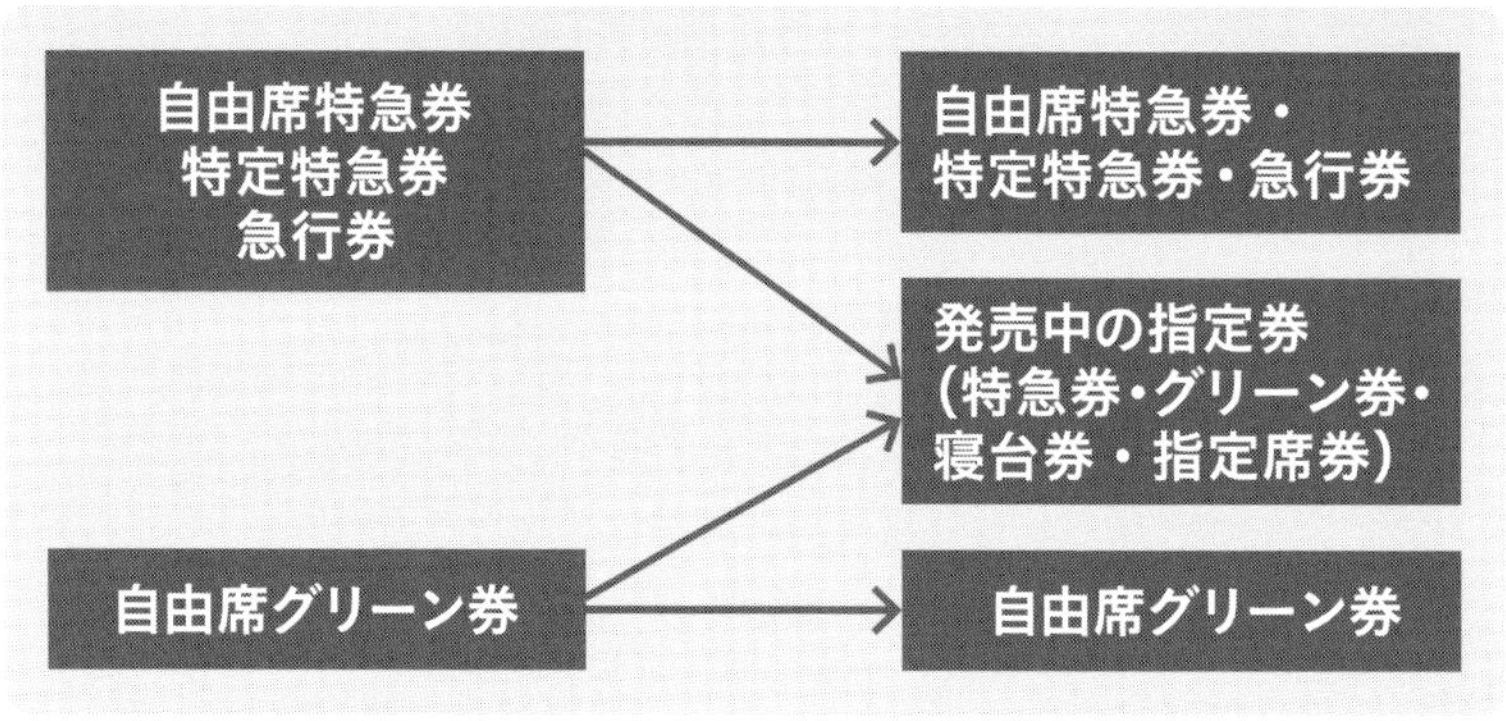

きっぷの差額は精算

元々持っていた乗車券と、変更後の乗車券の値段に差が出ることがある。片道乗車券から往復乗車券、自由席特急券から指定席特急券など、変更後の乗車券の値段が高くなる場合は、差額を支払う必要がある。逆に変更後の乗車券が元々持っていた乗車券より安くなる場合は、差額分が返金される。

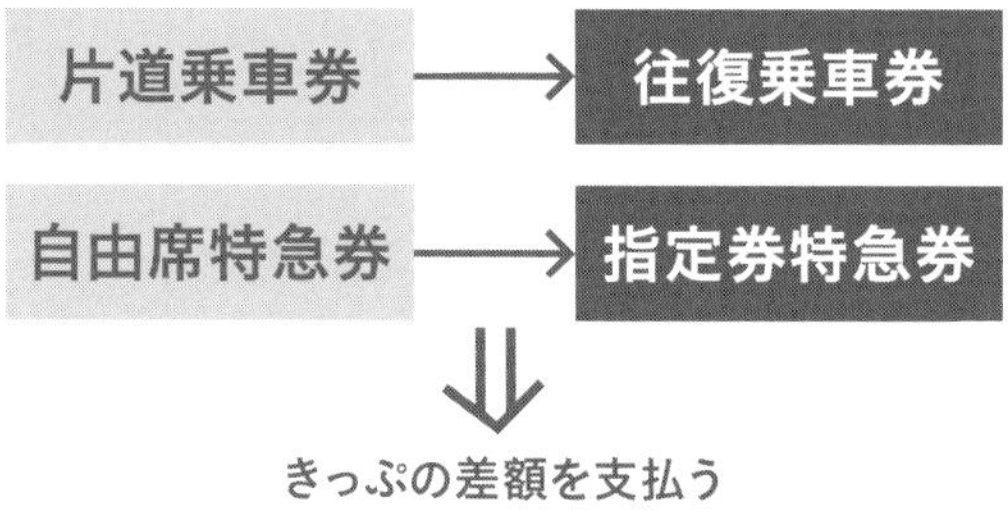

「乗車変更」は一回までなら無料

新幹線や特急列車の乗車券類を手配したのに、さまざまな理由から乗車日や時間を変更しなければならないのはよくあること。ＪＲの場合、使用開始前で有効期間内（前売りの乗車券は有効期間の開始日前を含む）であれば、一回に限って乗車時間や乗車区間を手数料なしで変更できる。ただし、定期券や回数券、割引きっぷの乗車変更は基本的にできない。

指定された列車の「乗車日」や「時間」などを、無料で変更することを「乗車変更」という。略して「乗変」ともいわれる。変更は同じ種類のきっぷに限られ、乗車変更によって差額が生じた場合は精算される。クレジットカードを使って購入したきっぷは、カード会社によって取り扱いが異なるので、係員に尋ねよう。

乗車変更の手続きは、「みどりの窓口」などで行うことができる。オペレーター付き

指定席から自由席への変更は基本的に不可

ただし、変更後の列車の指定席が満席だった場合のみ、自由席に変更できる。指定席特急券は自由席特急券に比べて値段が少し高めに設定されているが、この場合は差額が返金されない。

区間変更はフレキシブル

きっぷの種類は原則同じでないといけないが、区間はまったく違うルートにすることもできる。乗車券であれば、「東京都区内→大阪市内」を「小倉→博多」にしても問題ない。

東京都区内→京都

↓

差額を支払う（京都－大阪間の分）

↓

東京都区内→大阪

東北新幹線の「はやぶさ」、北陸新幹線の「かがやき」など全車両がすべて指定席の場合は、自由席特急券でなく立席特急券になる。空席がある場合は座ってもOKだが、その座席の指定席特急券を所有する人が来たら、速やかに席を譲る必要がある。

「乗り越し」の差額の支払い

❶

旅行開始後、券面と異なる区間に行く場合

「東京都区内→姫路」を「東京都区内→倉敷」に

↓

新しい区間の運賃を支払う
姫路―倉敷間（営業キロ104.km）の運賃1980円を支払う

❷

「静岡→袋井」（営業キロ57.9km）を「静岡→浜松」（営業キロ76.9km）に

元々の乗車券の営業キロが片道100km以内

↓

新旧運賃の差額を支払う
（新）静岡―浜松間（1340円）
（旧）静岡―袋井間（990円）
＝350円

❸

「藤沢→牛久」（営業キロ107.5km）を「藤沢→土浦」（営業キロ120.7km）に

東京近郊区間内のみを通る

↓

新旧運賃の差額を支払う
（新）藤沢―土浦間（2310円）
（旧）藤沢―牛久間（1980円）
＝330円

の指定席券売機でも行えるが、取り扱いができない内容もあるので要注意だ。変更後のきっぷには「乗変」の文字が入り、このマークがついたきっぷを再度変更することはできない。

近郊区間内のみ走る場合のポイント

また、列車に乗った後に行き先を変えたいときにも、きっぷの変更を行うことができる。例えば、券面に記載された着駅から、さらに先の駅に行く場合、乗車券で乗り越したときには「元の着駅から新しい駅までの運賃」が必要となる。

ただし、元々の乗車区間の営業キロが１００㎞までの普通乗車券で乗り越す場合は、「新運賃と旧運賃の差額」を払えばＯＫ。東京・仙台・新潟・大阪・福岡の近郊区間内のみを走る場合は、営業キロが１００㎞以上でも新旧の運賃の差額を支払う。

きっぷ払い戻しの手数料

使用開始前のきっぷの払い戻しは、駅や旅行センター(一部を除く)、主な旅行会社で取り扱っている。クレジットカードを使って購入したきっぷはカード会社によって取り扱いが異なるので、係員に尋ねよう。

きっぷの種類	払い戻しの条件	手数料
普通乗車券	使用開始前で有効期間内(前売りの乗車券類は有効期間の開始日前も含む)	220円
回数乗車券		
急行券		
自由席特急券		
特定特急券		
自由席グリーン券		
立席特急券	出発時刻まで	220円
指定席特急券	列車出発日の2日前まで	340円
指定席グリーン券		
寝台券		
指定席券	出発日の前日から出発時刻まで	30%(最低340円)

※10円未満の端数は切り捨て

東北新幹線「はやぶさ」特急券(東京—新青森間)の払い戻し額

A.列車出発日の2日前(前々日)まで

7330円(東京—新青森間の特急料金) — 340円(手数料) = **6990円**(払い戻し額)

B.出発前日から発車時刻まで

7330円 × 0.3(30%) = 2199円

10円未満は切り捨て ⟶ 手数料2190円

7330円 — 2190円(手数料) = **5140円**(払い戻し額)

東京—新青森間の東北新幹線「はやぶさ」の特急券(7330円)の場合、列車出発の2日前までなら340円が手数料となる。しかし、出発前日から発車時刻までに払い戻すと、額面の30%である2190円が手数料として引かれてしまう。高額のきっぷになるほど手数料が多くなるので、払い戻しは2日前までに済ませておきたい。

払い戻しの際には手数料が必要

使用開始前のきっぷは、有効期間内であれば払い戻すことができる。乗車券や自由席特急券など指定を伴わないものは、有効期間が終了するまでとなる。

指定券は、指定された列車が乗車駅を発車する時刻までに払い戻す必要がある。改札口を通過しておらず、使用していないことが払い戻しの前提となる。

普通乗車券や回数券、急行券、自由席特急券、特定特急券、自由席グリーン券を払い戻すときは、２２０円の手数料を支払う。指定席特急券や指定席グリーン券、寝台券、指定席券は、列車出発の２日前までの手数料は３４０円だが、出発前日から発車時刻までは額面の30%を支払う必要がある。

使用開始後の普通乗車券でも、条件によっては乗車券の払い戻しができる。乗車しない区間の営業キロが１０１km

旅行中止の場合の払い戻し額（使用開始後の場合）

使用開始後の普通乗車券でも、一定の条件を満たすことで払い戻しができる。

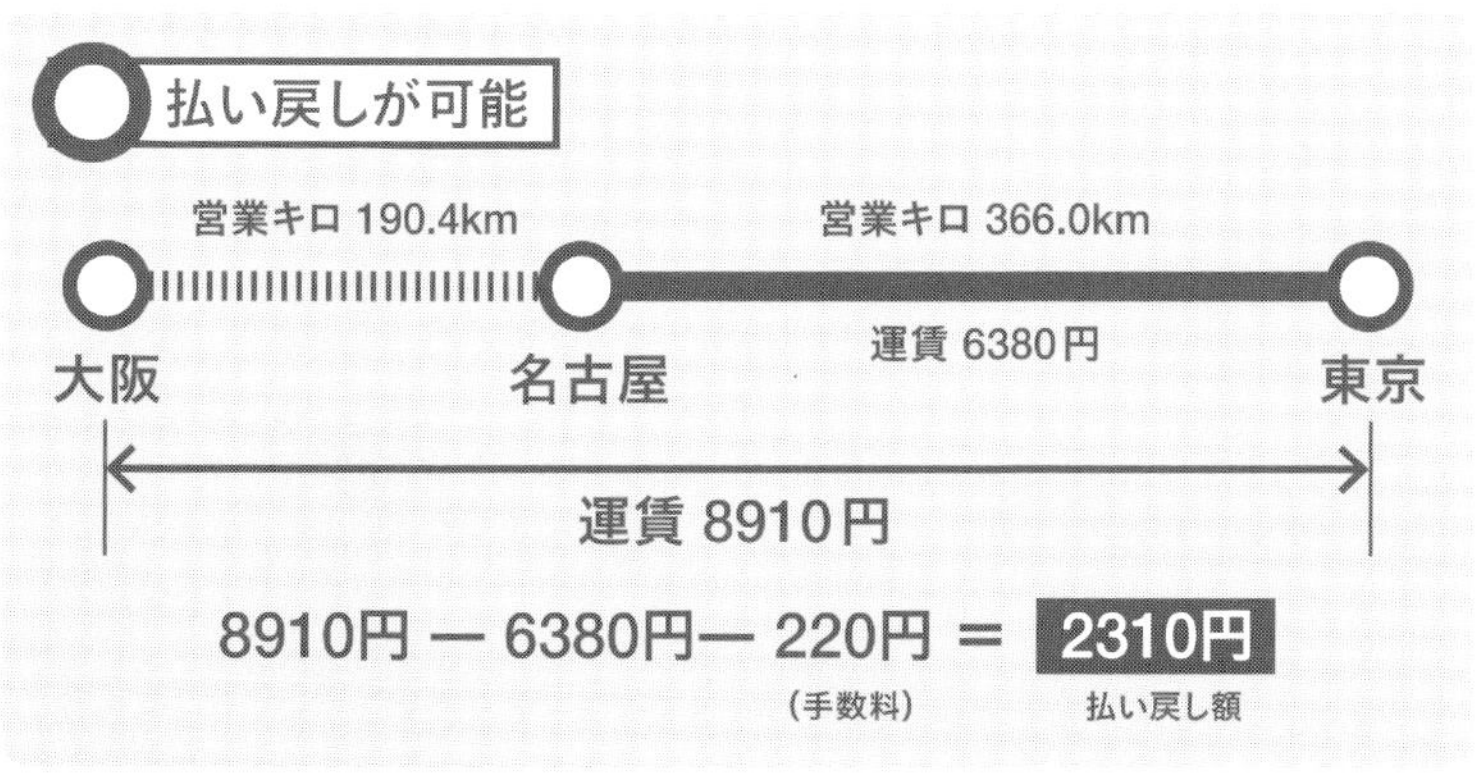

東京から大阪に行く乗車券で旅行を開始したけど、途中で中止した場合、未使用区間の営業キロが100km以上なら払い戻しができる。例えば、名古屋で中止したときは手数料220円と使用済み区間（東京―名古屋間）の運賃6380円が差し引かれるので、払い戻し額は2310円となる。仮に旅行を中止した駅が京都だと、京都―大阪間の営業キロが100kmに満たないので、払い戻しはできない。

きっぷを紛失したときの対処

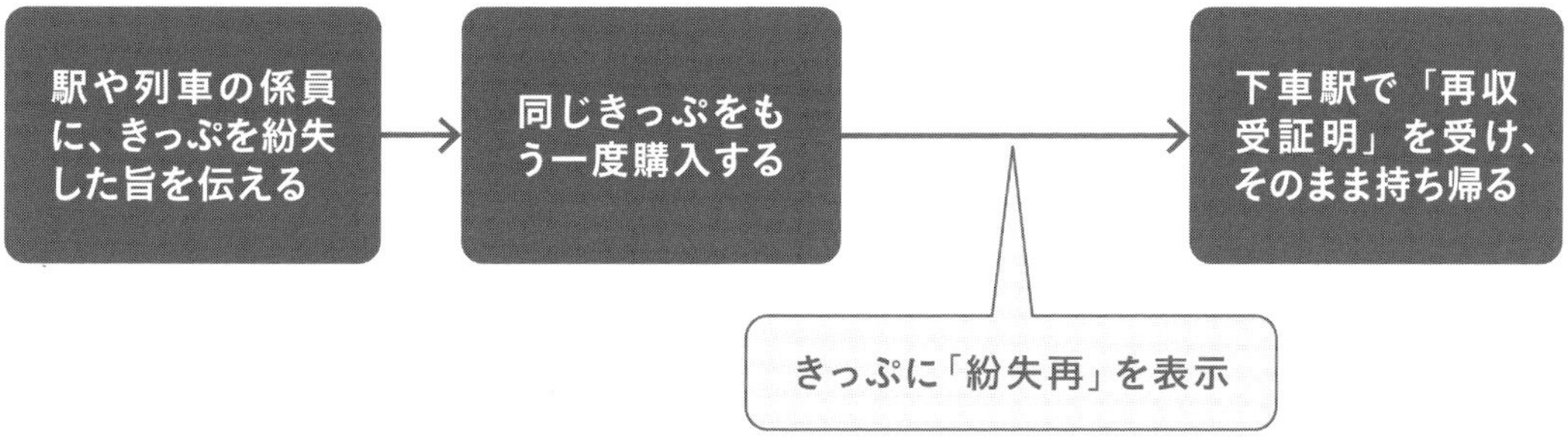

以上なら、本来の運賃額から使用済み区間の運賃と手数料220円を引いた額が払い戻しできる。払い戻しの手続きは、旅行を中止した駅で申し出る。

紛失したきっぷは払い戻しが可能

きっぷをなくした場合は駅の窓口、旅行中なら列車の係員にその旨を話して、同じきっぷを再度購入しなければならない。新たに買い直したきっぷには、「紛失再」という表示がされる。

買い直したきっぷは下車駅で「再収受証明」を受けて、自宅や会社に持ち帰る。きっぷが発見されたとき、見つけたきっぷと再収受証明を受けたきっぷを両方持って駅の窓口に行けば、払い戻しを受けることができる。

払い戻しの期限は再度運賃・料金を支払ってから1年以内で、乗車券などは220円、指定券は340円の手数料が発生する。

Chapter
4
ルール7
キセル乗車との戦い

「キセル乗車」の構造

キセル乗車は単なるルール違反やマナー違反にとどまらない、明らかな犯罪行為である。検挙されると刑罰を科されるので、軽く見てはいけない。

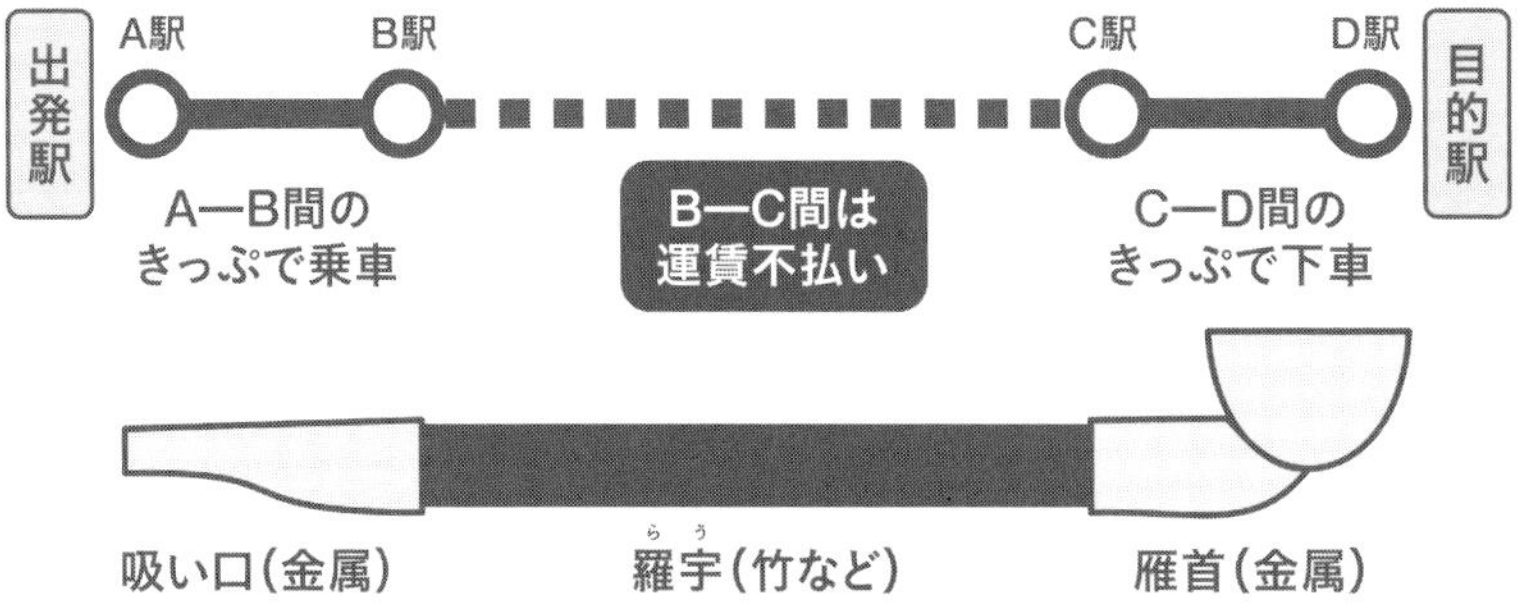

喫煙具の煙管（キセル）は両端が金属製で、中間は空洞になっている。これが、乗車区間と降車区間だけきっぷを買い、中間は運賃を支払わない「中間無札」の手口に似ているので、「キセル乗車」と呼ばれるようになった。

不正乗車で成立する犯罪

鉄道の不正乗車で成立する可能性がある犯罪は、下記の4つが考えられる。

鉄道営業法違反

鉄道係員の許諾を受けず、有効な乗車券なしで乗車した場合は、鉄道営業法第29条の違反となる。

電子計算機使用詐欺罪

駅の自動改札機を利用して不正に降車した場合は、「虚偽の情報で運賃支払いを不正に免れようとした」ということで、電子計算機使用詐欺罪になる。

軽犯罪法違反

建造物侵入罪

出発駅の入場券や定期券を持っていても、不正な目的をもった入場が「侵入」とみなされると、軽犯罪法違反や建造物侵入罪が成立する。

鉄道営業法第29条（現代語訳）

鉄道係員の許諾を受けずに下記の行いをする者は、50万円以下の罰金または科料に処す。

1. 有効な乗車券を持たずに乗車したとき
2. 乗車券に指示したものより優等な車両に乗車したとき
3. 乗車券に指示した停車場において下車しないとき

自動改札機の導入後もなくならない「キセル」

定められた乗車券類を所持せず、運賃・料金の支払いを不正に免れようとする行為を「不正乗車」という。特に多いのが、乗車区間の両端だけ支払い、中間の運賃は支払わない「中間無札」だ。手口が喫煙具の煙管（キセル）の形状に似ていることから、「キセル乗車」とも呼ばれる。

「キセル」という言葉が用いられるようになったのは、今から約100年前のこと。明治時代に京都鉄道の社員だった山内覚成が1925年に発行した追想録に、「煙管乗り」という項目がある。彼は「不正乗車は昔も今もつきる時はない」と述べており、明治・大正の頃からキセル乗車が行われていたことがうかがえる。

鉄道会社もさまざまなキセル対策を行ってきたが、特に有名なのが、東京駅の入場券の様式を変える「カメレオン作戦」。1977年12月19日から25日の午前11時以降に発売

不正乗車が発覚した場合の措置

適正な乗車券を持たずに乗車するなど、鉄道の不正利用があった場合、違反者は「正規運賃＋増運賃」の支払いが求められる。

正規運賃 240円 ＋ 増運賃 240×2 ＝480円 ＝720円

不正乗車発覚時に支払う「正規運賃＋増運賃」は、本来の運賃の3倍が一般的。これは鉄道運輸規程第19条の「有効な乗車券を所持せずに乗車した客に対しては、その客が乗車した区間に対する相当運賃とその2倍以内の増運賃（つまり3倍）を請求できる」という趣旨の規定に基づき、各鉄道会社が営業速規則に定めたものである。

自動改札機が普及しても、キセル乗車はなくなっていない。

「折り返し乗車」も不正乗車

目的地とは逆方向の始発駅まで乗車し、そのまま折り返して目的地に行く「折り返し乗車」。ラッシュ時に確実に座るために行う人がいるが、これも不正乗車の1つである。鉄道事業者がどのような対策を行っているのかは、ほとんど明らかになっていない。悪質な常習者は追跡して実態を確認するなど、個別に対応しているとみられる。

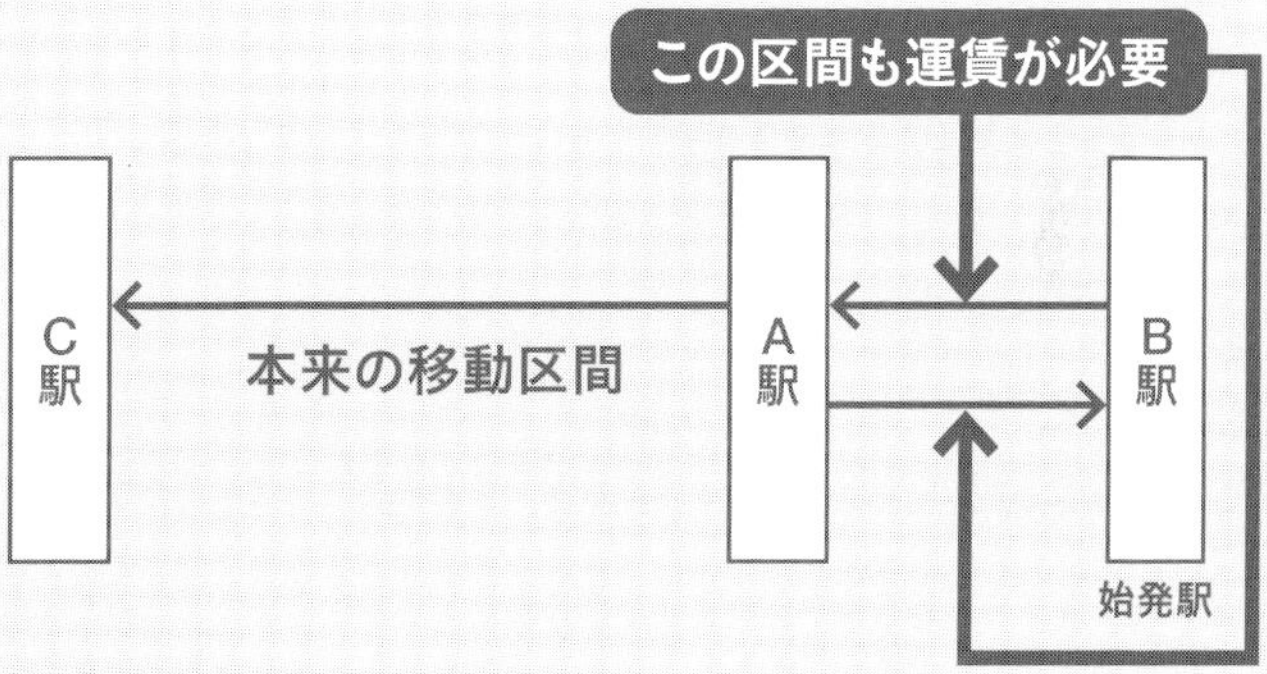

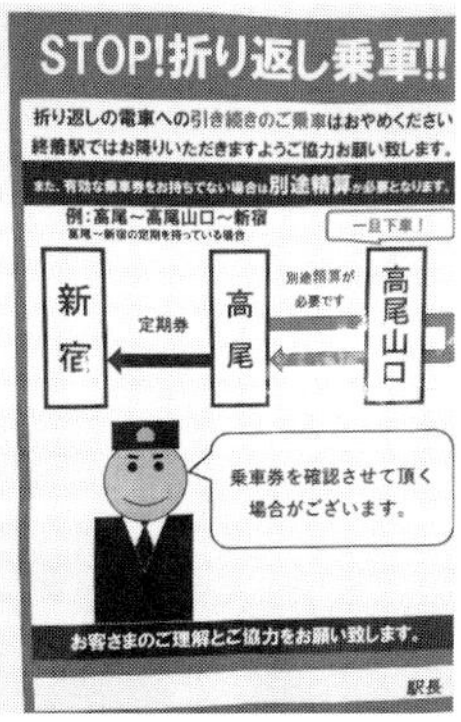

折り返し乗車を減らすため、駅には不正乗車のポスターが貼られている。「改札口を出なければよい」と勘違いしている人が多いが、きっぷに指定された経路以外の区間を乗車する行為は不正乗車に該当する。

された60円の入場券には、中央部に赤い線が入ったものが使用された。その後、1978年12月6〜8日に第2回、1979年11月18〜20日に第3回を実施したが、効果については定かでない。

折り返し乗車も不正乗車に該当

現在は自動改札機や交通系ICカードの普及が進み、キセル乗車は困難になった。しかし、完全になくなったわけではなく、キセル乗車で摘発されたというニュースをしばしば目にする。近年は駅の無人化や省力化が進んでいるが、省力化によって監視の目が行き届きにくくなり、不正乗車が増える可能性も懸念されている。

目的地とは逆方向の始発まで移動し、そのまま折り返して目的地まで行く「折り返し乗車」も不正乗車となる。鉄道事業者は駅にポスターを掲示するなどして、不正乗車であることを呼びかけている。

COLUMN 4

東京メトロ

有効期間は実質2日「東京メトロ24時間券」

「東京メトロ24時間券」は「利用開始から24時間」と、利用時間が時間単位で決められている。夕方からの利用も可能なので、朝が苦手な人にもおすすめのお得きっぷだ。

2019年から営業運転を開始した東京メトロ丸ノ内線の2000系電車。一部の窓が円形になっており、フリースペースも広く取られている。

4回乗れば きっぷの元が取れる

お得なきっぷの多くは「利用開始日から○日」と定められているので、朝早くから乗り始めたほうが乗車時間を稼ぐことができる。しかし、東京メトロが発売する「東京メトロ24時間券」は日数ではなく、「利用開始から24時間」と時間単位で決められている。

例えば、朝9時に使用を開始したら、有効期間は翌日の朝9時までとなる。午前中はまったりと過ごし、15時からスタートした場合は翌日の15時まで。実質2日間利用することができ、早起きが苦手な人でも使いやすいお得きっぷだ。東京メトロの駅のほか、アマゾンでも50枚セットと100枚セットが購入できる(有効期間は6カ月)。払い戻す場合は、有効期間内で使用開始前のものに限り、1枚220円の手数料を支払う必要がある。

しかも、改札を入ったのが

東京スカイツリー
半蔵門線 押上駅

東京メトロの観光スポット

浅草 雷門
銀座線 浅草駅

月島
有楽町線 月島駅

国会議事堂
丸ノ内線 国会議事堂前駅

秋葉原
日比谷線 秋葉原駅

銀座四丁目交差点
銀座線 銀座駅

有効期間内であれば、24時間を過ぎても追加料金を支払わずに改札を出られる。例えば、朝9時から利用を開始し、翌日は9時前に乗って電車に乗りっぱなしという旅も可能なのだ。

「東京メトロ24時間券」の発売金額は大人600円、小児300円と非常にリーズナブルだ。東京メトロの初乗り運賃は2023年に170円から180円(ICカード運賃は178円)に値上げされたが、「東京メトロ24時間券」は改札の中に4回入れば元が取れる計算になる。

2日で4回ならば、利用機会は割と多い。ショッピングやビジネスの外回りでも使えるので、1枚財布に入れておくだけで、いざという時に役立つ。浅草や渋谷、東京スカイツリー、銀座など、東京都心の人気スポットをほとんどカバーしているので、東京観光でも活躍してくれる。また、対象施設で提示すれば、割引などのサービスを受けることもできる。

廣重画『東京汐留鉄道舘蒸汽車待合之図』(伊勢屋喜三郎、1873年)
鉄道開業当時の新橋駅構内。和装の人たちに混じって洋装の乗客も見られる。
国立国会図書館蔵

開業当時のきっぷ。(写真：日本国有鉄道百年写真史)

日本のきっぷ150年史

鉄道の発展とともに変遷したきっぷの歴史

きっぷは、鉄道が開業した明治期から存在した。英国流を採り入れ、鉄道の変遷とともに変化を遂げていった。

現代のきっぷに続く「エドモンソン型」

日本初の鉄道は1872年、新橋—横浜間で開業した。1869年に東京と京都を結ぶ幹線の建設が決まっていたが、それからわずか3年で鉄道開業にこぎつけた。開業当初の新橋—横浜間の運賃(片道)は、上等が1円12銭5厘《りん》、中等75銭、下等が37銭5厘だった。当時は米1升《しょう》(約1・5kg)が4銭ほどだったので、鉄道は高価な乗り物だった。

開業時の鉄道は、資金や資材の調達、建設のための技術など、あらゆる点でイギリスに頼っていた。そのため、きっぷに関しても英国流が採り入れられた。

イギリスでは1825年に鉄道営業が始まり、駅長を務めていたトーマス・エドモンソンが乗車券のシステムを確立させた。初期のきっぷは厚紙に発着駅の駅名、運賃が記され、乗車時に鋏《はさみ》を入れて到着時に駅で回収した。発売の実績を確認するため、きっぷに

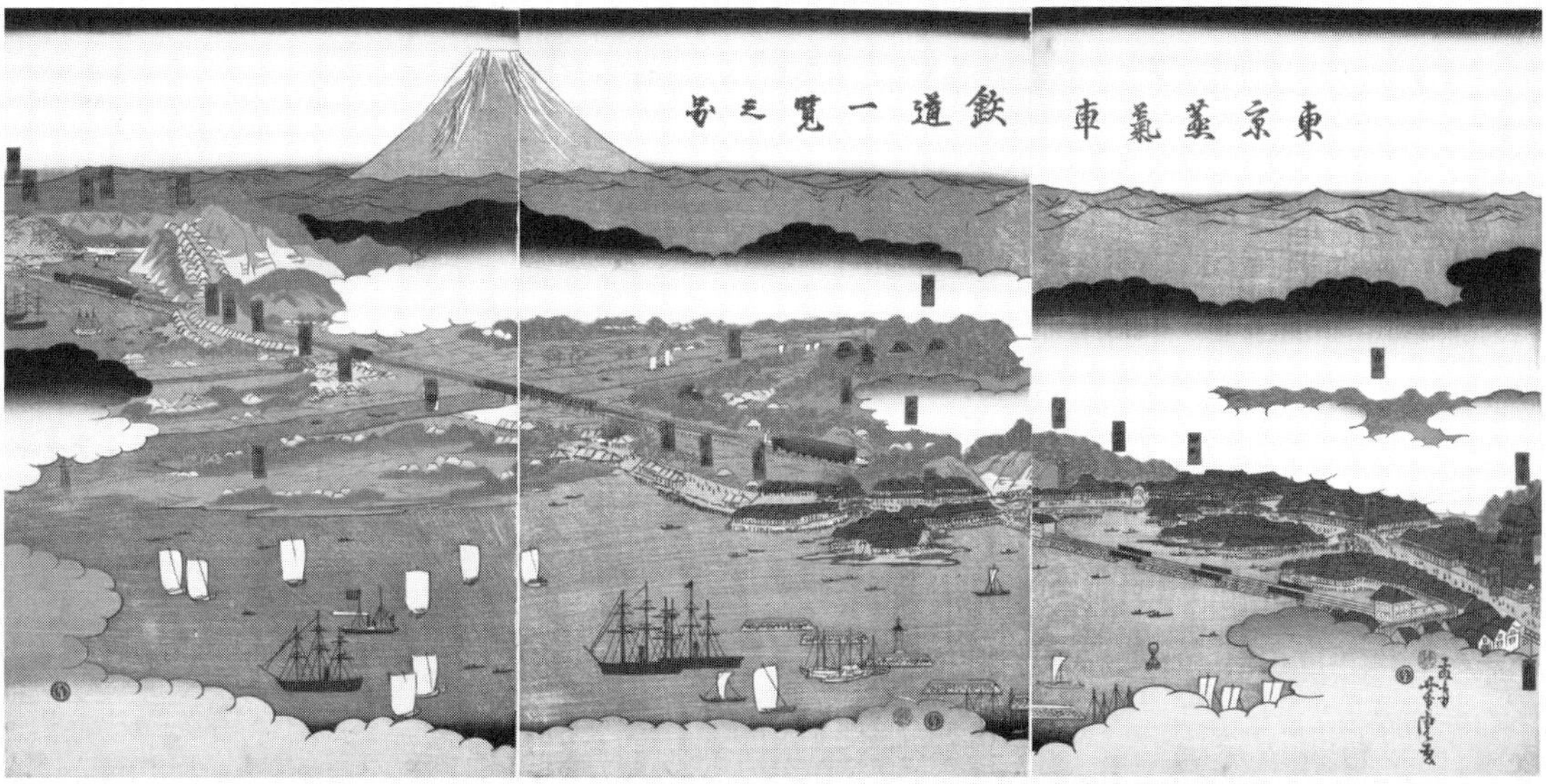

『東京蒸気車鉄道一覧之図』
新橋（右端）から横浜（左端）までの風景が、線路と共に描かれている。
国立国会図書館蔵

TICKET COLUMN

きっぷ地紋の誕生と発展

きっぷをよく見ると、駅名や金額の下に模様があることがわかる。これは「地紋」といい、元々は偽造防止対策の一環として考案された。

国営の鉄道に使われるきっぷの地紋の歴史は古く、始まりは1902年のこと。当初の地紋は紙幣や証券などにも見られるような網目模様で、「波型地紋」と呼ばれた。その上に「鉄道作業局」「帝国鉄道庁」「鉄道院」などと書かれ、明治の末期までこの様式が使われた。

1920年に鉄道省が発足すると、連続した模様が続く地紋が登場する。当時の「国鉄」は鉄道院で、らせん状の帯の中に「GIR」というマーク、そして「てつどうゐん」の文字が入っていた。帯の中に入る文字は時代と共に変化していったが、この形がきっぷ地紋の基本形式として受け継がれていった。

通し番号を入れた。1837年には、のちに日本で「A型硬券」と呼ばれる「エドモンソン型乗車券」（タテ3×横5・75㎝）が登場した。このサイズは、現代の多くのきっぷに受け継がれている。

こちらのシステムは、日本の鉄道開業時にも採用された。開業時のきっぷの呼び方はさまざまで、「手形」「切手」「乗車切手」「乗車札」などと呼ばれた。きっぷだけでなく、鉄道に関するルール「鉄道略則」も定められた。

初期のきっぷの表面には乗車区間や通し番号のほか、利用できる列車のグレードを示す等級（一等・二等・三等）が書かれていた。裏面には英語・フランス語・ドイツ語が記載されており、来日した外国人が使用することも意識していた。中央の芯には厚紙を用いており、その両面に、等級に応じた異なる色の薄紙が貼りつけられていた。

開業から時間が経つにつれて、きっぷの種類も増えていった。定期券は1886年、新橋ー横浜間で上等・中等の乗客向けに販売された。往復乗車券は関西で初めて企画され、当初は「往復切手」「往返切手」と呼ばれた。手書きで作る補充券の起源は不明だが、1892年に定められた「乗車綴切符取扱手続」という制度によって、補充券の利用が定着した。回数券は1891年、香川県を走る讃岐《さぬき》鉄道が発売を開始したのが始まりとされる。

明治期には列車の指定席制も始まり、1900年に山陽鉄道（現在のJR山陽本線の前身）の急行列車（神戸ー三《み》田尻《たじり》間）で一等寝台車が連結されたのが起源とされる。

きっぷの質が悪化した第二次世界大戦

1872年の鉄道開業後、日本各地に鉄道が敷設された。全国に路線網が広がる一方で、産業や軍事の観点から主要な鉄道網を国有化する方針が定められた。そして1906年、鉄道国有法が制定された。各地の主要私鉄17社が買収さ

硬券のきっぷを保管するために用いられた乗車券箱。硬券全盛の出札窓口には、当たり前のように置かれていた。

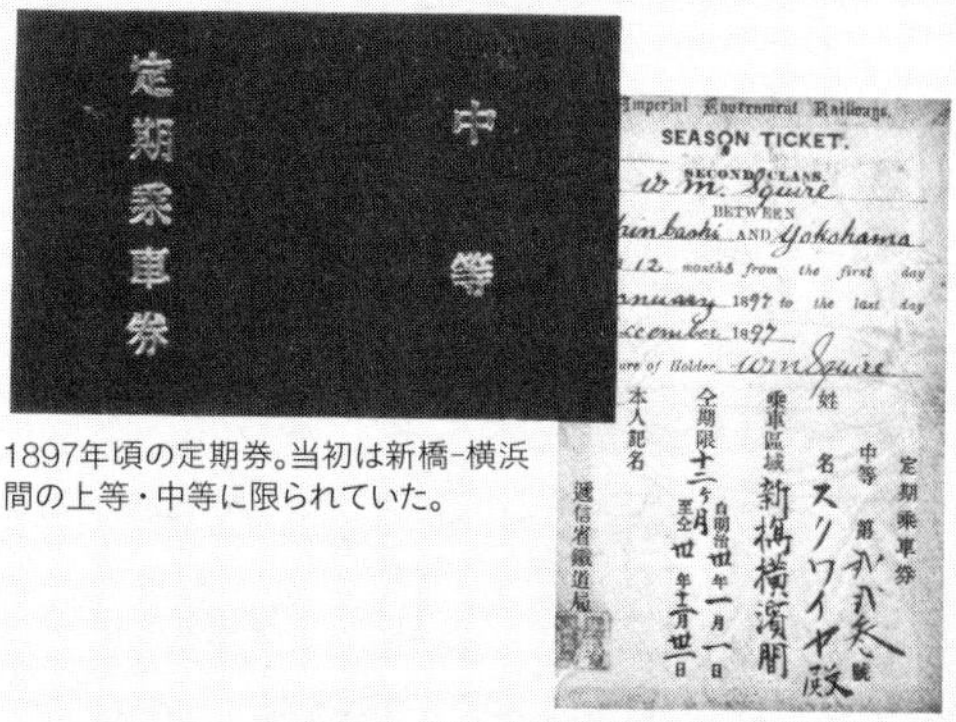

1897年頃の定期券。当初は新橋-横浜間の上等・中等に限られていた。

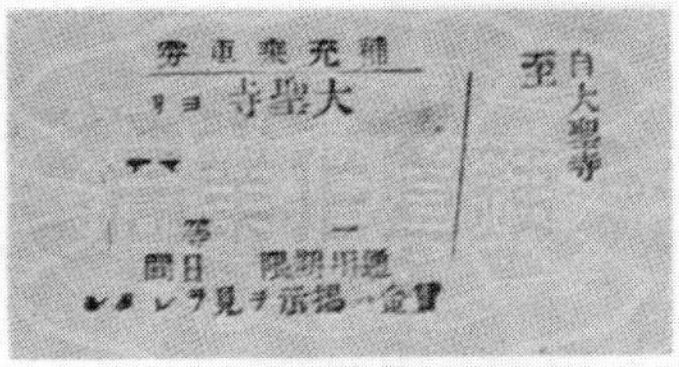

初期の補充券。こちらは行き先・日付が書かれていない未使用のものと思われる。

初期の回数券。こちらは明石-神戸間のもの。

1930年に初めて設置された電車区間乗車券自動販売機。きっぷ1000枚が収容されており、10銭白銅貨1枚を入れると日付の入ったきっぷが出てくる仕組み。

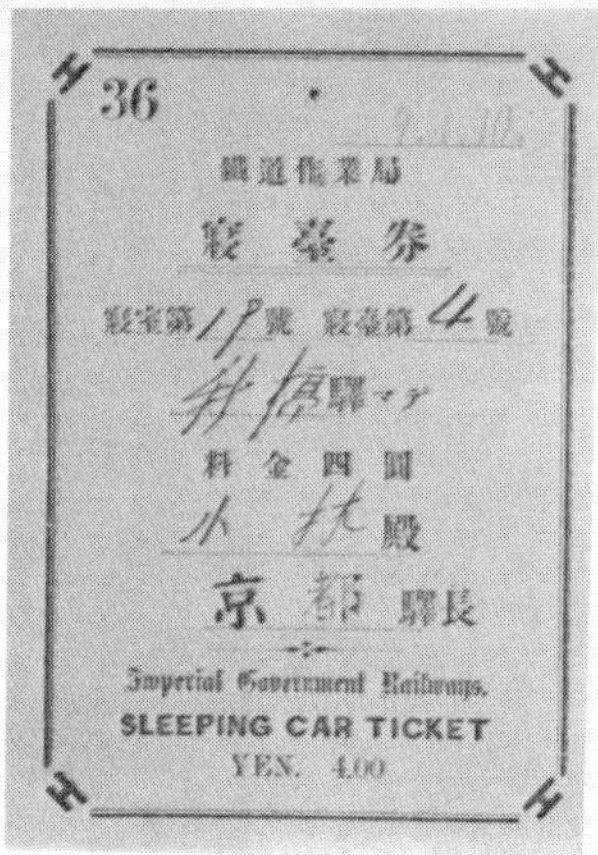

鉄道国有化後の寝台券。四隅に工部省の紋章が配置されている。

左上のぞく写真：日本国有鉄道百年写真史

れ、現在のＪＲに近いかたちで国有の鉄道が誕生した。

各私鉄を買収したことで運賃や制度のルールが統一化され、鉄道の世界は順調に発展していった。きっぷの様式も激変し、１９１９年には表記が右書きから左書きに改められた。当時の日本では右書きが当たり前だったが、鉄道きっぷは当時のグローバルスタンダードだった英語表記に合わせて、いち早く左書きを採り入れた。また、１９２１年には発行日付の表示が「日・月・年」から「年・月・日」になった。

当初は高嶺の花だった鉄道も徐々に大衆化し、都市近郊の区間では利用者が多くなった。しかし、それによって窓口では対応しきれなくなり、きっぷを自動で売る自動券売機が導入された。日本で最初の自動券売機は諸説あるが、１９２６年に東京駅と上野駅に導入されたドイツ製のコインバー式（硬貨を入れてレバーを下げると入場券が１枚落ちてくる方式）のものだったとされる。しかし、第二次世界大戦が激化すると金属を集めるため、自動券売機は一時撤去された。

戦時中は印刷を簡略化するために「工」の字をつなげた形の地紋が登場し、名古屋や大阪、門司などで使用された。鉄道輸送も軍事物資や兵員の輸送が優先され、列車の運行も大きな制約を受けた。１９４２年以降は、特急列車や寝台車の運行が順次廃止された。戦局が進むにつれて資源が不足し、きっぷもサイズが小さくなったり、地紋がない無地のものが作られたりした。紙質も悪化し、すぐにちぎれるような弱い紙も使われていた。乗車券の販売枚数自体も制限するなど、旅行客を制限する対応が続いた。

終戦直後は物資の欠乏が著しく、まともな形を成していないきっぷが多く出回った。しかし、何年か経つと特急列車や寝台車の運行が再開され、国有鉄道事業は「日本国有鉄道」（国鉄）として再出発した。今までは官が運営してきたが、

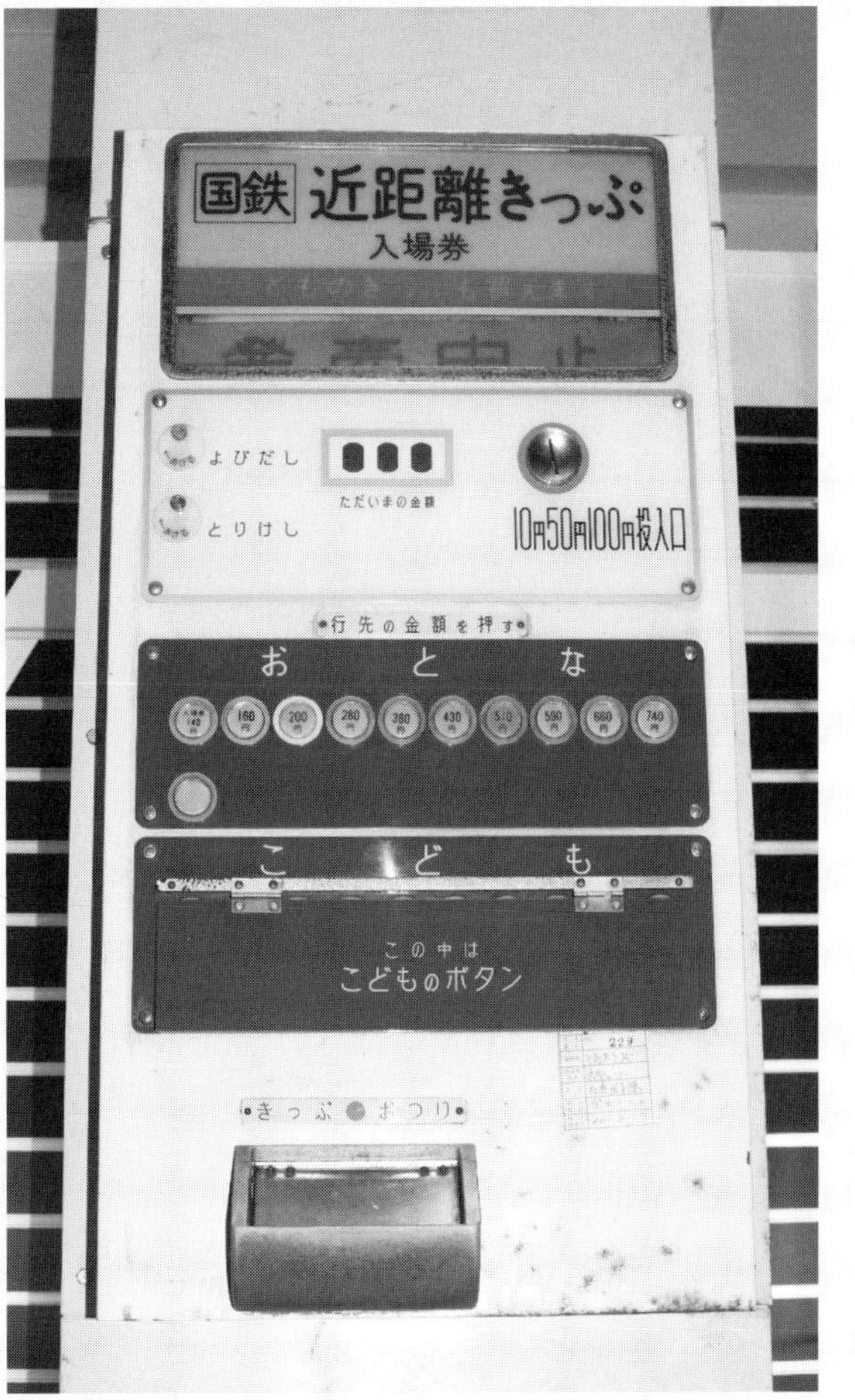

国鉄時代の近距離区間固定の自動券売機。行き先ではなく、運賃額のボタンが並んでいる。

企業組織の形になったことで、独立採算が求められるようになった。国鉄が発足すると、機関車の動輪と「こくてつ」「JNR」を組み合わせた地紋が登場し、JR発足まで長く親しまれた。

自動券売機の導入できっぷ販売が省力化

　戦後はきっぷの製造技術が向上し、国鉄になってからは質のよい紙が使われるようになった。路線網が拡大して輸送力が高まり、きっぷの種類が増えて販売体制も拡がった。旅行需要を喚起させるためのキャンペーンも積極的に行われていった。

　国鉄では自動券売機の開発が行われ、手動式から電動式に移行した。当初はお釣りが出ないので、1種類の硬貨を投入して1種類のきっぷを購入するものばかりだった。種類が異なる区間の券売機が並んでいたが、多種類の硬貨が投入できる機種も登場した。

　最初は硬券タイプだったが、券売機の中に投入できる紙の枚数には限りがあったので、軟券タイプも導入された。券面が印刷できる券売機も登場したが、当初は印刷の濃淡にムラがあった。濃すぎると手が汚れ、薄いと券面が読めないなどの問題が発生したため、感光紙を使ったジアゾ方式、さらにはキレート式と呼ばれるものに進化した。

　券売機は駅のコンコースに独立して置いてあったが、壁にはめ込まれるタイプのものが主流になった。券売機で買えるきっぷの種類も増え、現在はタッチパネルなどで情報を入力できる。

　きっぷ販売の省人化は自動券売機だけでなく、窓口での機器導入という点からも進んだ。1960年には優等列車の指定席予約システム「マルス」が導入、1965年には指定席券の販売専用窓口「みどりの窓口」が初めて設置された。

「乗車券=きっぷ」の時代からの変化

　昭和30年代以降は自動車や航空機との競争が激しくなり、地方路線の利用者も減少した。人件費も膨張し、国鉄は慢性的な赤字を抱えた。その結果、1987年に分割民営化され、新たにJR旅客6社(北海道・東日本・東海・西日本・四国・九州)が誕生した。

　分割されたことで、各社がそれぞれ独自のお得きっぷを企画するようになった。平成に入ると自動改札機が普及し、それまでのきっぷの主流だった硬券が姿を消していった。さらに、オレンジカードなどの磁気式プリペイドカードが登場し、「駅できっぷを購入して鉄道を利用する」という明治期以降の慣習は大きく変容していった。

　21世紀に入ると、現在も普及している交通系ICカード乗車券が登場する。JR東日本は2001年にICカード「Suica」を、JR西日本は2003年に「ICOCA」を導入した。主要な鉄道会社が発行する10種類のICカードは相互利用が可能で、交通系ICカード専用の改札機も普及している。

　さらに、乗車券や特急券をあらかじめインターネットで予約し、券売機や窓口で引き換えるサービスがJR各社で広まっている。ネット予約専用の割引サービスも拡充され、今後はネット予約の利用がさらに普及していくと考えられる。

きっぷ用語集

正統な用語から、鉄道ファンの間で普及している雑学用語まで、きっぷに関するさまざまな言葉を五十音順で紹介。これを読めば、きっぷに対する理解がさらに深くなっていくはずだ。

あ

愛国から幸福まで
廃止された北海道の国鉄広尾線には愛国駅と幸福駅があり、愛国駅で購入した幸福駅行きのきっぷには「愛国から幸福ゆき」と記されていた。縁起物として人気が高く、現在も旧愛国・幸福駅前の売店で販売している。大正駅から幸福駅までのきっぷは「たいそう幸福」と読まれた。

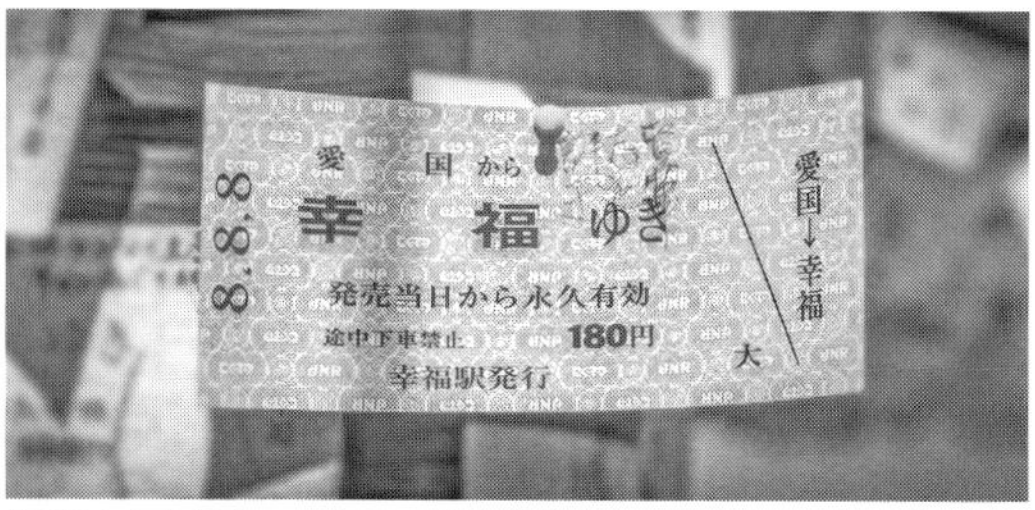

「愛国から幸福まで」のきっぷ。北海道帯広市を代表する観光スポットで、現在も年間20万人以上の観光客が訪れる。

IC（アイシー）
Intergrated Circuitの頭文字をとったもので、日本語で「集積回路」を意味する。情報の記録や演算をするために集積回路を組み込んだカードを「ICカード」といい、「Ｓｕｉｃａ」や「ＩＣＯＣＡ」は「交通系ICカード」と呼ばれる。

い

ICOCA（イコカ）
JR西日本が導入した交通系ICカード。カードの名称は、関西弁の「行こか」が由来。

一枚のキップから
1977年に国鉄が始めた旅行キャンペーンの名称。1970年から6年間続いた「ディスカバー・ジャパン」キャンペーンに続くもので、1978年からは「いい日 旅立ち」キャンペーンに置き換わった。

一葉《いちよう》券
乗車券と特急券、指定券などが1枚に印刷されたきっぷ。

印刷発行機
きっぷを印刷して発行する機械で、「TPR」ともいう。略して「印発」とも呼ばれる。手書き発行に比べて、格段にスピーディになった。

う

運賃
旅客や貨物を輸送する際、鉄道会社に支払う代金のこと。「運び賃」が語源になっている。似た言葉として「料金」があるが、こちらは運送以外の設備の利用や付加サービスに対して支払う代金を指す。

運賃計算キロ
幹線の乗車区間の営業キロと、地方交通線の乗車区間の換算キロ、または擬制キロを足した距離。これにより運賃を計算する。

え

営業キロ
JR各社の幹線、またはJR北海道の地方交通線のみを乗車する際の運賃計算に使用する距離。

A券
自動券売機で販売されているサイズのきっぷ。「エドモンソン式乗車券」とも呼ばれ、大きさは長さ57.5㎜、幅30㎜。1840年代にイギリスのトーマス・エドモンソンが考案したもので、世界共通のサイズである。

Sきっぷ
新幹線や在来線の特急、急行の自由席に乗車できる往復割引きっぷで、短距離区間用のもの。JR北海道とJR四国が発売している。

お

往復割引乗車券
片道の営業キロが601㎞以上であれば、運賃の行き帰りがそれぞれ1割引きになる。

オレンジカード
JRグループの自動券売機できっぷが購入できるプリペイドカードで、1985年から2013年まで販売されていた。略して「オレカ」とも呼ばれた。上野―大宮間を走っていた「新幹線リレー号」の客室乗務員が「オレンジガール」と呼ばれていたのが、名称の由来とされる。

列車の車内で行われる車掌の検札業務。ハンディ端末で車内補充券の発行もできる。

か

改札
旅客が携帯しているきっぷが有効かどうかを確認すること。改札作業はホームに出入りするときの改札口のほか、車掌が列車内やホームで行うこともある。運賃や料金、発着駅名、日付、有効期間、途中下車印などを確認する。

改札鋏《かいさつきょう》
きっぷの改札に行う鋏で、「パンチ」「改鋏」とも呼ばれる。早切りに適した東鉄型、手を挟むリスクが少ない一般型がある。

回数券
10回分の運賃で11回乗車できるきっぷで、正式名称は「回数乗車券」。現在は販売終了が相次いでいる。

学割
学生割引運賃のこと。学校（中学校、高等学校、高等専門学校、大学）の生徒・学生を対象に、発券時に学割証を提出することで、１０１km以上のおとな普通運賃が２割引きになる。

簡易委託駅
無人駅でありながら、きっぷの販売を自治体や観光協会、商店などに委託している駅。

換算キロ
本州ＪＲ３社（東日本・西日本・東海）とＪＲ北海道において、幹線と地方交通線をまたがって乗車するときの運賃計算で、地方交通線の部分に適用される割り増し距離。

幹線
メインルートとなる重要な路線。

き

擬制キロ
距離賃率はそのままで、運賃を割り増しにするために実際のキロ程に係数を掛けて設定した、運賃計算用キロ数のこと。

キセル乗車
乗車区間の両端だけ定期券などで運賃を支払い、それ以外の区間を無賃乗車する不正乗車のこと。喫煙具の「煙管（キセル）」が言葉の由来。

記念乗車券
新型車両の登場や開通○周年など、さまざまな理由をつけて出てくるきっぷのこと。収集目的で購入する人がほとんどで、実際に使用する人は皆無に近い。

急行券
急行料金が必要になる急行列車に乗車するためのきっぷ。指定券や寝台を利用する際は、別途指定券や寝台券が必要になる。

鋏痕《きょうこん》
鋏（パンチ）できっぷを切った後の切り口の形。時代を通じて約１４０種類あった。

く

グリーン車
普通車よりも接客設備がよい優等車両で、乗車には別途の料金が必要となる。前身の一等車の車体側面に引かれていた淡緑色（若葉色）の帯、一等車の硬券の色（グリーン）が名称の由来とされる。

け

検札
乗客が乗車に有効なきっぷを持っているかどうか、列車内で車掌が点検すること。かつては検札鋏で小さな穴を開けていたが、現在はスタンプを押すことが多い。

こ

硬券
厚紙でできているきっぷで、明治の鉄道創業期から使用されていた。自動改札機には通せない。

国鉄
日本国有鉄道の略。１９８７年の分割民営化によってＪＲグループに継承された。国鉄時代にデザイン・設計された車両は「国鉄型」という。

さ

在来線
国鉄やＪＲで新幹線以外の路線を指す言葉。東海道新幹線が開通したとき、それまでの狭軌の路線を区別するために作られた。

し

磁気式プリペイドカード
自動券売機で現金の代わりに使用できる前払い制のカード。オレンジカード、イオカード、パスネットなどがある。

指定席券
指定席を利用するためのきっぷ。特急は原則的に指定席なので、急行や快速列車などの指定席に対して発売される。

新幹線N700S系のグリーン席。従来よりも横幅が広く、座席の間隔も広くてゆったりと座れる。

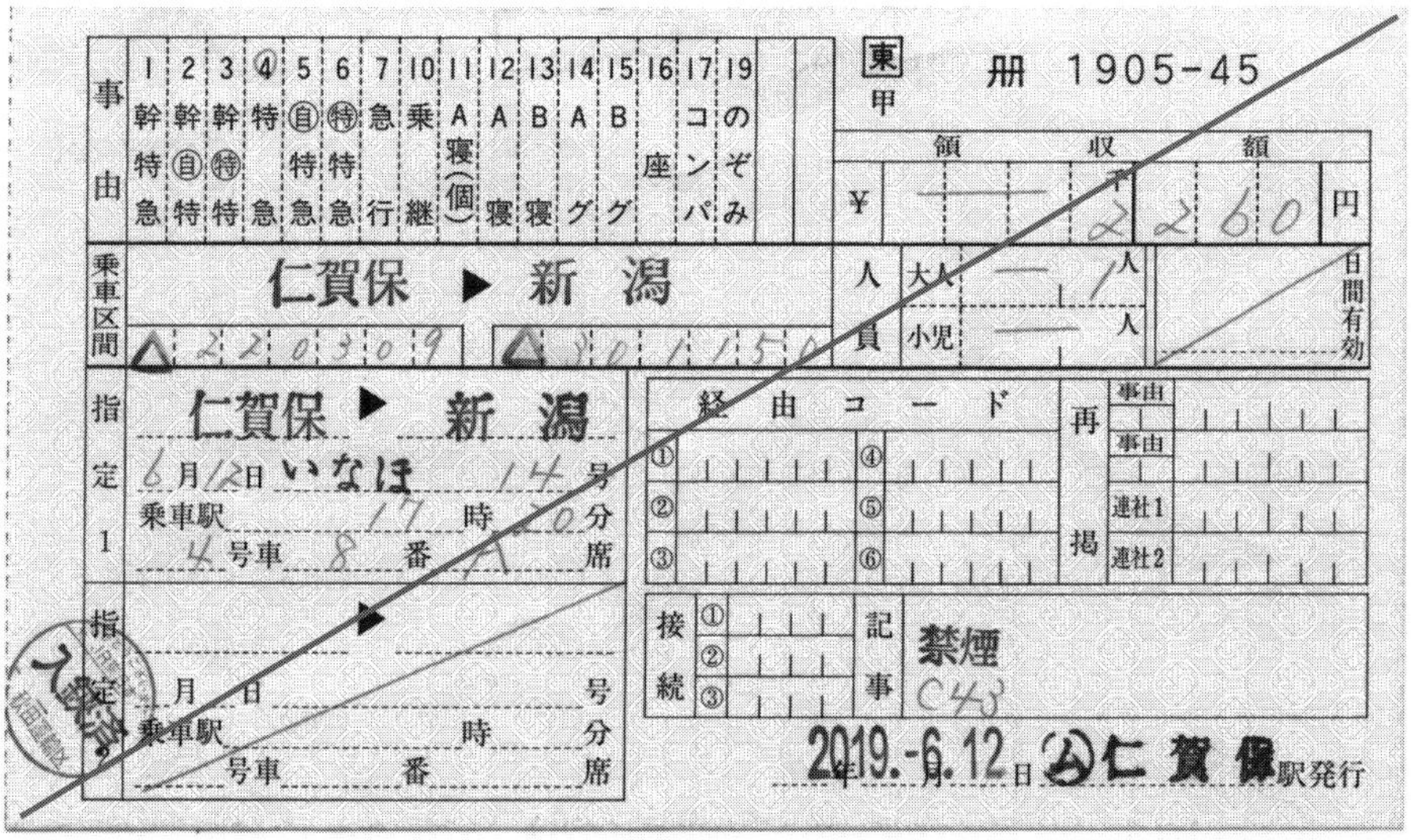

こちらは補充券の一種、料金専用補充券。指定券が発券できない駅などで発行される。

指定席特急券
特急列車の指定席を利用するために必要な乗車券。

自動改札機
改札業務を効率よく行うために導入された装置。常に改良を続け、現在は交通系ICカード専用の自動改札機もある。

自動券売機
券類を売る自動販売機。日本では戦前に初めて登場し、現在はタッチパネルで情報が入力できるタイプが主流。

車内補充券
車掌が車内で発行するきっぷのこと。略して「車補」とも呼ばれる。現在は携帯型の発行機で、その場で発行される。

自由席特急券
特急列車の自由席を利用するのに必要な乗車券。

周遊きっぷ
JRグループがかつて発売していた特別企画乗車券で、「ゾーン券」、出発駅からゾーンまでの「ゆき券」、ゾーンから出発駅までの「かえり券」の3種類で構成される。2013年に発売を終了した。

出札《しゅっさつ》
きっぷを売ること。出札業務には、運賃などの収受や乗り越し精算も含まれる。かつては駅員が応対する形式で行われていたが、現在は旅客自身が自動券売機と自動精算機で行うのが一般的。

乗車整理券
特定の列車に乗車・着席するために、車内または車外で発行される整理券。

小人《しょうにん》
6歳以上12歳未満の運賃は「小人」で、乗車券・特急券・急行券・指定席券は大人の半額。ただし、グリーン券・グランクラス、寝台券、乗車整理券は大人と同額。

常備券
金額や区間があらかじめ印刷されているきっぷ。

寝台券
列車で寝台を利用する際に必要となるきっぷ。寝台はA寝台とB寝台の区分がある。

す

Suica
JR東日本などが発行する交通系ICカード。ソニーの非接触型ICカード「FeliCa」の技術が用いられている。Super Urban Intelligent Cardの頭文字をとっている。

せ

青春18きっぷ
5日間有効で、JRの普通列車が乗り放題になる期間限定のきっぷ。価格は1万2050円で、1日あたり2410円の計算となる。

た

対キロ制
運賃を乗車キロ数に応じて決定していく運賃制度。大都市の路面電車や路線バス以外のほとんどが、対キロ制によって運賃が決定されている。

大人《だいにん》
通常の運賃が適用される旅客のこと。

ダッチングマシン
きっぷに日付を印字する器械で、「日付印字器」とも呼ばれる。

ち

地方交通線
運賃計算の際、幹線と計算が異なる路線のこと。

て

定期券
通勤・通学などにより定期的に同じ区間を乗車できる乗車券で、正式名称は「定期乗車券」。主に1・3・6カ月間有効のものがあり、割引が設定されている。

鉄道営業法
鉄道の設備について規定するほか、鉄道係員や旅客、公衆に対する禁止行為などを定めた法律で、1900年に制定された。「第1章 鉄道ノ設備及び輸送」「第2章 鉄道係員」「第3章 旅客及公衆」の3章45条からなる。

手回り品切符
旅客が車船（客席・客室）内に手回り品を持ち込む際に必要な切符。手回り品切符が必要な手回り品は子犬、猫、鳩またはこれらに類する小動物（猛獣やヘビの類を除く）。

と

電車特定区間
東京と大阪の大都市圏周辺で定められた区間。他の線区と運賃の計算が異なる。

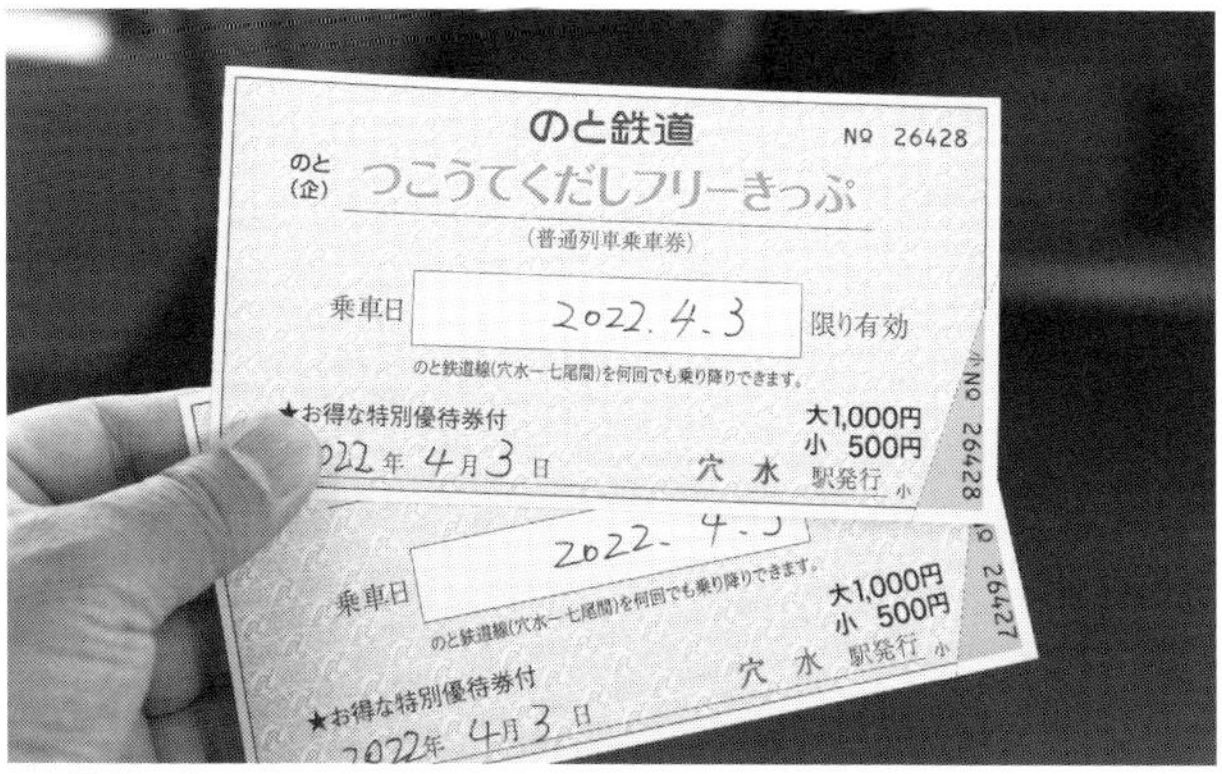

のと鉄道の「つこうてくだしフリーきっぷ」。のと鉄道が1日乗り放題で利用できる（土・日・祝日）。料金は大人1000円、小人500円。

等級制
鉄道車両における運賃・料金の段階。一・二・三等の三等級制から一・二等の二等級制に移行し、１９６９年に廃止された。

特別企画乗車券
鉄道事業者が特別な条件を定めて発売する割引乗車券。

特急券
特急列車に乗車する際に必要となる乗車券で、正式には「特別急行券」という。昔の特急は座席指定制が原則だったが、現在は自由席を設置した特急も増えているので、「指定席特急券」「自由席特急券」がある。

な

軟券
厚紙の硬券に対し、薄くて軟らかい紙を使用したきっぷ。自動券売機でも扱われている。

に

入鋏《にゅうきょう》
駅員がきっぷに鋏を入れること。

入場券
列車内に立ち入ることができないが、駅のホームに入場できる券。駅での見送りや出迎えなどで使用される。

の

乗り継ぎ運賃制度
鉄道を乗り継ぐとき、関係路線で運賃を割り引く制度。

は

繁忙期
旅客が多い時期を指定し、ＪＲの指定席特急料金が通常より＋２００円になること。最繁忙期は＋４００円、閑散期は－２００円になる。

ふ

フリーきっぷ
あらかじめ指定された期間と区間内であれば、何回でも自由に乗り降りできるきっぷ。鉄道だけでなく、バスや遊覧船などを組み合わせたものもある。

ま

マルスシステム
ＪＲの指定券発行システムで、乗車券類や企画券などの座席管理・発行処理及び発行管理を行うオンラインシステム。Multi Access seat Reservation System（旅客販売総合システム）の頭文字をとったもので、１９６０年から運用を開始した。

み

みどりの窓口
マルスの端末が設置され、乗車券類などが購入できる有人のきっぷ販売窓口。１９６５年から営業が始まった。

む

無人駅
駅員が終日配置されていない駅。簡易型ＩＣ乗車券改札機、無人駅用自動券売機などが設置されている。

も

モノクラス制
１９６９年に廃止された国鉄の等級制を引き継いだもので、旧一等車が「グリーン車」、旧二等車が「普通車」になる。

モバイルＳｕｉｃａ
ＪＲ東日本が提供するサービスで、スマートフォンアプリを利用してＳｕｉｃａへの入金やチケットの購入などができる。

り

立席《りっせき》特急券
全車指定席の列車で、指定席が満席になったときに発売される特急券。自由席がある列車には発売されない。

旅客営業規則
旅客鉄道会社が旅客との運送契約に適用する条件を定めた運送約款の名称。

神奈川県小田原市にある根府川《ねぶかわ》駅。JR東日本管内の東海道本線では唯一の無人駅。

編集協力

吉田遊介、常井宏平

写真

ピクスタ

主な参考文献・資料

『JTB時刻表』JTBパブリッシング
『完全版！ 鉄道用語辞典』高橋政士編、講談社
『鉄道の基礎知識 増補改訂版』所澤秀樹、創元社
『ICカードと自動改札 交通ブックス123』椎橋章夫、交通研究協会
『自動改札のひみつ 改訂版 交通ブックス114』椎橋章夫、交通研究協会
『旅鉄 HOW TO 106 もっとお得にきっぷを買うアドバイス50』蜂谷あす美、山と渓谷社
『鉄道きっぷ探究読本』後藤茂文、河出書房新社
『きっぷのルール ハンドブック 増補改訂版』土屋武之、実業之日本社
『鉄道きっぷ大図鑑』鉄道きっぷ研究会編、双葉社
『にっぽんの鉄道150年 蒸気機関車から新幹線、リニアへ』野田隆、平凡社
『鉄道切符コレクション』澤村光一郎、ミリオン出版
『日本鉄道150年史 年表[国鉄・JR]』三宅俊彦、グランプリ出版
関東交通印刷HP

鉄道きっぷの世界

2024年7月20日 初版第1刷発行

発行人 山手章弘
発行所 イカロス出版株式会社
〒101-0051 東京都豊田区神田神保町1-105
contact@ikaros.jp（内容に関するお問合せ）
sales@ikaros.co.jp（乱丁・落丁、書店・取次様からのお問合せ）
印刷 株式会社シナノパブリッシング

Printed in Japan ISBN978-4-8022-1442-1